90歳、ひとり暮らしの知恵袋

お金をかけない素敵な毎日の過ごし方

大崎博子

宝島社

はじめに

　こんにちは、大崎博子と申します。私は昭和７（１９３２）年生まれ。ごく普通に生きてきたおばあさんですが、２０２２年２月に、『89歳、ひとり暮らし。お金がなくても幸せな日々の作りかた』を出版しました。こんな老後が待っていたなんて、自分でも驚きです。

　本の内容は、私の日常生活をつづったもの。

　Ｔｗｉｔｔｅｒを始めたら、フォロワーが13万８０００人にもなって驚いたこと。78歳からパソコンを始めたこと。海外に住む娘とＬＩＮＥ電話でこまめに連絡を取っていること。動画配信サービスで、映画や韓国ドラマなどを楽しんでいること。早朝に近所の公園で太極拳を行い、毎日８０００歩歩くことを心がけていること。いくつになっても、毎日必ずアイラインとアイブロウは行っていること。一ヵ月は10万円ちょっとでやりくりをしていること……などなど。

いずれも私にとっては、ごく当たり前の、いつもの日常生活なので、こんなに興味を持って読んでいただけるなんて、思ってもいませんでした。朝、公園で太極拳を行っていると、声をかけられるようになりました。私の本を読んで、太極拳に参加してくださった人もいます。

「元気をもらいました、大崎さんをお手本に頑張ります」

「素敵な年齢の重ね方、憧れです」

といったうれしい言葉がたくさん届きました。みなさんの声のおかげで、二冊目の話が生まれたのです。

すべてに感謝！

私は、２０２２年11月で90歳となりました。また一つ、「高《こう》貴《き》香《こう》麗《れい》者《しゃ》」としての年齢を重ねました。この言葉は、私の造語です。「後期高齢者」より素敵な表現でしょ？

といっても、90歳になったからといって生活が大きく変化したわけではありません。これまでどおり、何気ない毎日を自由気ままに楽しんでいます。

二冊目となるこの本では、私の心がけている暮らしのコツと工夫を紹介しています。編集者さんやライターさんと相談して、この本を読んでくださった方に役立てていただけるよう、さまざまな情報を盛り込みました。こんな私の生活が、老後の不安を抱えている人や、シニア世代の親を持つ人たちの参考になれば、これほどうれしいことはありません。

目次

第3章 シニアライフ充実のカギ！ 健康の知恵

第1章

月10万円で楽しく暮らす

節約の知恵

月10万円ちょっとでも幸せに暮らしています

私の1ヵ月の生活費は、10万円とちょっと。そう言うと驚く人がいます。持ち家ではありませんが、都営住宅団地に住んでいることが大きいでしょうか。都営住宅団地では、家賃は収入によって決められています。私の場合は収入もないし、高齢者であることも考慮されて、とても安いんです。

日々の生活費については、お金をかけなくても心豊かに暮らせると思っています。だから、きっちりと節約して欲しいものまでがまんしているというわけではないんですよ。私の楽しみは毎日の晩酌なので、月々1万円ぐらいは、呑《の》み代がかかっています。お値ごろでおいしい、カルディコーヒーファームで売っている1本約700円のワインをまとめ買い。一度に4本、重

家計簿をつけるのは面倒なので、レシートを見ながらスケジュール帳にその日使った金額を書き込むだけ。

いけれど手に提げて帰りますよ。
ただ、最近は、何かを欲しい、買いたいとは思わなくなりましたね。生活に必要なものはもうだいたい揃《そろ》っているし、長持ちするものが多いこともあって、今あるもので十分暮らしていけます。だから、できるだけこれ以上ものを増やさないようにしています。

もちろん、お得なことは大好きです。ＰａｙＰａｙ（ペイペイ）のポイントも貯めていますし、近所の靴屋さんや家電店のポイントもしっかり貯めています。近所のスーパーでは、いつもはクレジットカードで買い物をしていますが、現金で買うとポイントがお得になる日は、現金で払っています。そのように、工夫しながら買い物するのって、楽しいですよね。

【大崎さんの家計の内訳】

食費　３～４万円前後

（食費のうち、お酒代　１万円前後）

クレジットカード利用料　３～４万円

光熱費＋通信費　8000円前後

家賃　X万円（秘密です）

ケチケチ節約はしない。でも、できるだけものを増やさないようにしています。

無料アプリを使いこなす

スマホの無料アプリ(コミュニケーションツール)を使えば、インターネット上でさまざまな人と交流できるサービス＝SNS(ソーシャル・ネットワーキング・サービス)を通じて、気軽に相手とやりとりできるようになります。例えばLINEアプリなら、文字によるメッセージだけでなく、音声通話・ビデオ通話も通話料無料で利用可能！　スタンプと呼ばれるイラストでサッと返事ができるのも魅力です。使い方はのちほど(36ページ〜)説明します。

Point 1

インターネット回線を利用しているので、メッセージの送受信や通話に料金がかかりません※。そのため、お友だちとの長時間のおしゃべりや、海外にいる家族とのビデオ電話なども安心です。

Point 2

コメントや表情で気持ちを伝えられるスタンプ(イラスト)や、絵文字が使えるアプリなら、文字を入力しなくても相手とやりとりができます。文字入力が苦手な初心者にもおすすめです。

Point 3

無料通話やメッセージのやりとりができるのは、同じサービス(アプリ)を使っている相手限定。相手にも同じアプリをダウンロードしてもらいましょう。

※Wi-Fi環境でない、またはパケット通信料使い放題のプランでない場合、その都度通信料が発生します。さらに、通話が一定時間を超えると有料になるアプリもあるので注意しましょう。

無料アプリでどんなことができる？

Messenger（メッセンジャー）

メッセージのやりとり、音声通話、ビデオ通話（最大6人）、グループチャット（最大50人）、スタンプなど

LINE（ライン）

メッセージのやりとり（トーク）、電話、ビデオ電話、グループチャット、オープンチャット、動画投稿など

Instagram（インスタグラム）

写真・動画の投稿、友だちやグループとの写真やメッセージのやりとり、ライブ配信など

Twitter（ツイッター）

文章（最高140文字まで）や写真、動画の投稿（ツイート）、フォロワーとのメッセージのやりとりなど

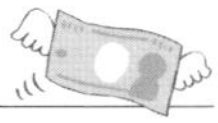

家計簿いらずの家計把握術

家計をきちんと把握したいけど、毎日細かく家計簿をつけるのは面倒……。そんな方におすすめなのが、毎日使った金額だけつける1日1行家計簿日記です。慣れてきたらステップアップしていきましょう。スマホの家計簿アプリを使うのも便利です。

【 1日1行家計簿日記のすすめ 】

Step 1 使ったぶんだけ記入する家計簿日記

1日1行日記のように、スケジュール帳などにその日、使った金額（合計でもOK）を記入するだけ。買い物から帰宅したら、忘れないうちにメモしましょう。これだけでも、毎日の変化を把握できます。

Step 2 必需品と余計な出費を分けて記録

1日1行家計簿日記に慣れたら、「必需品の支出」と「余計な出費」に分けて支出を記入しましょう。余裕があれば、必需品は食品と日用品費に、余計な出費は娯楽費（外食や趣味の費用）と特別費（冠婚葬祭費など）に分けると節約ポイントが明確に。

Step 3 削るべき支出をチェックする

食費がかなり増えた、趣味にお金を使いすぎたなど、週1回、支出を見直して使いすぎたと思うところに○をつけましょう。削るべきポイントが明確になり、決めた予算を守れるようになります。

【家計簿アプリを活用してみる】

スマホの家計簿アプリは、ほとんどが無料で使えるので、自分に合うかどうか、一度試しに使ってみるといいでしょう。中には、レシートを撮影するだけで入力が完了するアプリもありますが、レシート撮影は有料というアプリもあるので注意を。

Zaim（ザイム）

レシート撮影で商品名から金額まで自動で入力。予算残高に合わせて色が変化するなど、収支が一目でわかる。銀行口座やクレジットカード、電子マネーなどと連携できるほか、毎月の記録をプリントできる。

マネーフォワードME（ミー）

レシート読み取り機能で、毎日の支出を食費や日用品費などに自動で分類。銀行口座や証券口座、電子マネーなどと連携して家計簿を自動的につけたり、手持ちの資産を可視化してくれたりする。

袋分家計簿

レシート読み取り機能や銀行口座などとの自動連携はないが、シンプルな設計で、収支管理がしやすい。どのカテゴリーの支出割合が大きいか、いつ使いすぎたかなどをグラフ化してくれるので、無駄遣いを減らせる。

本格的な家計簿は面倒なのでつけていません。1000円以上使ったときは、日記に金額を書き込んで、ざっくり家計を把握しています。

無料＆安価でこまめに健康診断

各市区町村では無料、または安価で健康診断（健診）を実施しています。検査内容や対象年齢は市区町村によってまちまちですが、身体計測や血圧測定、血液検査や尿検査といった基本検査は無料というところが多いようです。

さらに、がん検診も数百円から数千円、中には無料で受診できるケースもあるので、使わない手はありません。なお、数千円で基本検査を実施しているクリニックもあります。

Point 1　市区町村の健診は原則として1年に1回（2～5年ごとのケースもあり）。毎年定期的に受診することで、健康管理ができるだけでなく、健康への意識も高まり一石二鳥！

Point 2　市区町村の健診は住民全員を対象にしているところもあれば、その市区町村の国民健康保険の加入者に限定しているところ、対象年齢があるところなど、条件はそれぞれ異なるのできちんと確認を。

Point 3　健診が有料という場合でも、民間のクリニックなどで行われている健診よりもはるかに安価で受診できるので、ぜひ利用しましょう。

お肌の状態を無料診断

年齢を重ねれば重ねるほど、気になるのが顔のお肌の状態。そんなお肌の状態を、無料でチェックしてくれるお店があるんです。お店によっては、無料で簡単な相談やアドバイスをしてくれるところもあるので、一度足を運んでみては？

ファンケル直営店舗

頬の角層を採取して撮影後、独自開発したAIが角質細胞の状態と肌の美しさに関わるタンパク質を無料で解析。メンバーズアプリを使い自宅で行える「AIパーソナル肌分析」も無料

アットコスメストア

皮脂量や水分量、ハリ・弾力や血行などを無料で測定

スギ薬局（ビューティーアドバイザー在店店舗）

皮脂量や水分量、ハリ・弾力などを無料で測定
（簡易測定しかできない店舗あり）

資生堂のお店（スキンビジオム、ハンディスキンセンサー設置店舗）

肌の透明度、シワやキメなどを無料で測定

SK-Ⅱ

肌年齢や肌の未来予測を無料で測定

※新型コロナウイルス感染症の影響で機械を使った測定を自粛している場合があります。

毎日の生活でちょこっと節約

最近は光熱費をはじめ、食料品などもどんどん値上がりしていて、出費は増えるばかり。だからこそ、ちょっとした工夫で節約したいもの。ただ、このとき大切なのは、頑張りすぎないこと。無理に節約しても長続きしない上に、ストレスがたまってしまい、精神的にもいいことはありません。まずは、水道光熱費の節約術をいくつかご紹介しましょう。

Point 1

鍋やフライパンを濡れたまま火にかけると、水分が乾くまでのエネルギーが無駄に。水気をしっかり拭き取りましょう。

Point 2

次の人の入浴まで時間が空く場合は、風呂ぶたの上にアクリル毛布をかぶせると、お湯の温度が下がりにくくなります。

Point 3

電化製品の中には電源につながっているだけで電気を消費するものがあります。長時間使わなければコンセントを抜いておきましょう。

ひとり暮らしなので、一度でお風呂のお湯を捨てたらもったいないでしょう。なので、翌日も沸かし直して入っています。

【節約でエコに貢献できて一石二鳥！】

ものを大切に使う・しっかり使い切る、というのが何よりの節約術ですが、使い終わったものをただ捨ててしまってはもったいない！　捨てる前に何かに役立てれば、節約になる上に、無理なくエコライフを実践できます。古着を小さく切ってぞうきんにする、普段捨てている野菜や果物の皮を干してお茶にするなど、アイデアはたくさん転がっています。

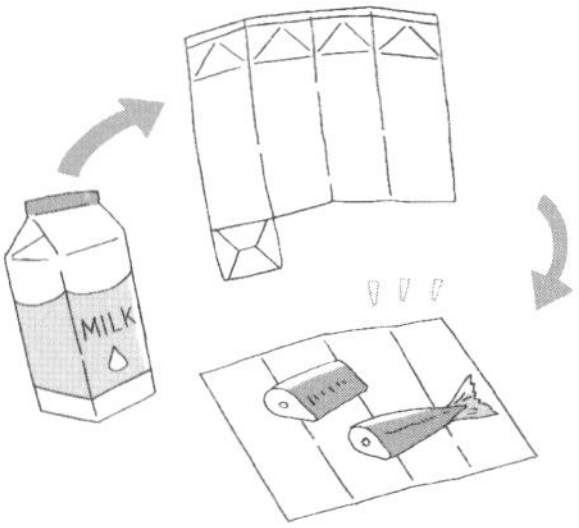

牛乳パックは切り開き、生肉&生魚用のまな板に。使ったらすぐ捨てることで、細菌の繁殖の心配がありません。

フリースなどのポリエステル100%の古着は食器洗いのスポンジ代わりになるほか、フローリングの床磨きにもぴったり！

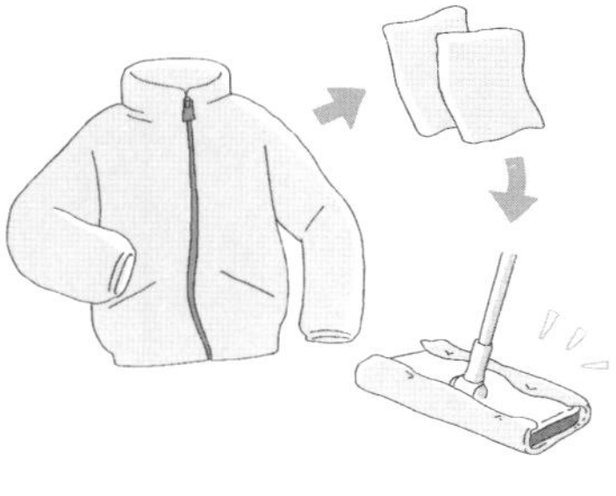

古いてんぷら油は、じゃがいもの皮を素揚げしてみて。皮が油の汚れを吸い取って、濁りやにおいが軽減します。

想像以上に快適なキャッシュレス生活

従来のクレジットカードやプリペイドカードに加え、近年、スマホを使った「QR/バーコード決済」が普及して、キャッシュレス決済の利用者が増えています。スピーディーに会計できてポイントも貯まり、使えば使うほどお得に！　キャッシュレス決済は、主に以下のようなものが挙げられます。

電子マネー

専用端末にスマホやICカードをかざして支払う。前払いタイプのプリペイド型、即時払いタイプのデビット型、後払いタイプのポストペイ型がある。

例：交通系＝Suica（スイカ）、PASMO（パスモ）など
　　流通系＝WAON（ワオン）、nanaco（ナナコ）など

スマートフォン決済

クレジットカードや電子マネーを登録したスマホをレジにかざして支払う。

例：Apple Pay（アップルペイ）、Google Pay（グーグルペイ）など

QR・バーコード決済

スマホにインストールした決済アプリで支払う。スマホのQRコードやバーコードを店舗側が読み取る方式と、店舗が掲示するQRコードを読み取る方式がある。

例：PayPay（ペイペイ）、楽天ペイ、LINE Pay（ラインペイ）、
　　d払い、メルペイなど

【 PayPay を使ってみよう 】

スーパーやコンビニ、飲食店などで便利なPayPayの使い方をご紹介。店頭にPayPayのステッカーが貼ってあれば使用できます。

1 PayPayを登録

アプリをダウンロードしてスマホの電話番号とパスワードを入力し、スマホに送られてきたSMSの認証コード（4ケタの数字）を入力すれば登録完了。

2 PayPay残高にチャージ

セブンイ-レブンかローソンのATMで現金のチャージが可能。自分が普段使っている銀行口座を登録すれば、口座から希望金額をチャージすることもできます。

3

店で支払う：QRコード

ホーム画面のバーコード左下の「スキャン」を押し、お店に設置されているQRコードを読み込み、支払う金額を入力後、店員に見せ、「支払う」を押せば完了。

店で支払う：バーコード

支払い時にPayPayアプリのホーム画面の下部にある「支払う」を押し、スマホのバーコードかQRコードを読み込んでもらえば、支払い完了。

毎日の買い物でポイントカードを活用

近年、多くのスーパーマーケットやコンビニが、買い物で支払いをする際にポイントを貯められるカードを導入しています。そのポイントは次回以降の買い物で使えるので、毎日の買い物でポイントがどんどん貯まるというのは大きなメリットです。最近はスマホのアプリタイプのポイントカードもあり、カードを忘れる心配がないので便利です。

Point **1**　カード発行手数料が数百円かかるものもありますが、入会金や年会費などは無料というポイントカードがほとんど。アプリタイプなら発行手数料も不要に！

Point **2**　クレジットカード機能がついているポイントカードでなければ、名前と生年月日、住所や電話番号などの基本情報だけですぐ作れます。

Point **3**　ポイントカードは現金をチャージするタイプのものが多く、チャージ分の電子マネーでスムーズにお会計ができて便利です。

Point **4**　アプリタイプは限定クーポンがもらえるものもあり、使えば使うほどお得に！

アプリタイプのポイントカードは、一般的にお店のアプリを開いてバーコードを店員さんに読み取ってもらえばOK。使い方がわからなければ、店員さんに声をかけて聞きましょう。

支払いはPayPayが使えればそちらを優先。ポイントカードはアプリも活用しているので、財布の中に入れているのはこれだけです。

ポイントカードを利用できるショップ

代表的なショップのポイントカードをご紹介します。これ以外にも、よく利用する店舗のカードは、作っておきましょう。

店名	電子マネー名 カード名など	プリペイド 機能の 有無	クレジット 機能付き カードの 有無	アプリの 有無
コンビニ				
セブン-イレブン	nanaco	○	○	○
ファミリーマート	Tポイント	○	○	○
	ファミペイ（アプリのみ）			○
ローソン	Ponta	○	○	○
ミニストップ	WAON	○	○	○
セイコーマート	Pecoma	○	○	○
スーパーマーケット				
ライフ	LaCuCa	○	○	○
イオン系	WAON	○	○	○
ヤオコー	ヤオコーカード			○
サミット	サミットポイントカード			○
ドラッグストア				
ウェルシア	Tポイント		○	○
スギ薬局	スギポイント		○	○
マツモトキヨシ	マツキヨポイント		○	○
ツルハドラッグ	ツルハグループ ポイントカード			○
セイムス	セイムスカード			○
家電量販店				
ヤマダ電機	ヤマダポイント		○	○
エディオン	エディオンカード		○	○
ジョーシン	ジョーシンカード			○
ノジマ	ノジマスーパーポイント		○	○
コジマ	コジマポイント			○
ビックカメラ	ビックポイント	○※	○	○
ヨドバシカメラ	ゴールドポイント		○	○

その他、dポイント、楽天ポイントなどを代わりに、
または合算して貯められるショップもあります。

※プリペイド機能なしのポイントカードもあり。

第2章

人とつながる趣味が広がる
デジタル生活の知恵

スマホとタブレットは、生活の中に溶け込んでいます

私がパソコンを始めたのは、２０１０年12月、78歳のときです。ロンドン在住のひとり娘から、「パソコンが使えるようになれば、日本とロンドンでも無料で通話できる」と言われたことがきっかけです。以前は、国際電話をすると、ものすごくお金がかかったんです。電話代がかからなくなるなら、すごく便利だな、と。それと、大好きだった東方神起の動画も観られるとも聞いて、それなら始めてみたいと考えたのです。

パソコンは、Ｍａｃを選びました。なぜなら、当時、アップルストアでは、「１年間通い放題で９８００円」というパソコン教室を開催していたからです。本来は機械オンチな私ですが、身近にパソコンを教えてくれる人がいなくても、通い放題の教室なら、何度でも教えてもらえそうと考えました。だから、使

えるようになるまで、せっせと銀座のアップルストアまで通いました（※）。

せっかく使えるようになったパソコンですが、今は、スマートフォン（ｉＰｈｏｎｅ）とタブレット（ｉＰａｄ）中心で、パソコンはほとんど開かなくなりました。

私は、朝の太極拳の後、石神井公園の中をお散歩するのですが、そのときに見つけた季節の花など、きれいなものを探し歩いては、スマホのカメラで撮影しています。季節の花を撮ったときは、Ｇｏｏｇｌｅ（グーグル）の画像検索で、花の名前も確認します。フォロワーの方から花の名前をたずねられたときにも、すぐ答えられるようにしておくんです。

※現在、アップルストア銀座でのパソコン教室は開催されていません。

以前は撮影したらすぐ、その場でＴｗｉｔｔｅｒ（ツイッター）にアップしていたんですが、今は、太極拳の仲間といっしょに歩いているので、アップするのは自宅に戻ってから。きれいなものを見つけたら、みんなに見てもらいたいですものね。

Ｔｗｉｔｔｅｒを本格的に始めたのは２０１１年３月。それから毎日のようにアップしていたら、Ｔｗｉｔｔｅｒのフォロワーが20万人を超えました（２０２２年12月現在、約20万１０００人）。ツイートに「いいね」やリプライ（返信）をもらえることも、アップする励みになりますね。

それと、お散歩のときはお財布を持たないようになりました。スマホにＰａｙＰａｙ（ペイペイ）のアプリが入っているので、散歩に出たついでに、「そういえばアレがそろそろなくなるな。

ちょっと買っておこう」なんてときにも、スマホだけで大丈夫。便利になったなと実感しています。

タブレットは、特定定額給付金で新しく購入しました。主には、ロンドンに住む娘とのＬＩＮＥ（ライン）のビデオ通話に使っています。私はだいたい夕食を摂るのが、毎日午後６時半くらい。食事とおつまみをテーブルに並べて、お酒を飲み始めようかなと思う頃に、娘から電話がかかってくるんですよ。ビデオ通話をしながら「あ、髪切った？」とか、「ごめん、今、化粧していないわ」などと笑い合いながら、毎日の暮らしの出来事を報告し合っています。

スマホ・タブレット・パソコンを使いこなす

かつて映像を見るのはテレビ、音楽やラジオを聴くのはラジカセ、調べ物は本で……というのが普通でした。ですが今、それらはすべてインターネットにつながったスマホやタブレット、パソコンでできてしまいます。今はスマホやタブレットで電子書籍の小説やマンガを読めますし、写真や動画も撮影できるので、冊子やカメラ、ビデオカメラを持ち歩く必要がありません。スマホはキャッシュレス決済ができたり、ポイントカードとしても使えますから、使いこなせるとかなり便利です。

Point **1**
インターネットを使うには、スマホや一部のタブレット（セルラータイプ）は携帯電話会社との契約が、パソコンはプロバイダー（インターネット回線事業者）との契約が必要です。

Point **2**
スマホやタブレット、パソコンは機種や仕様によって金額が変わります。まずはどんな使い方をしたいか、そのためにどの程度のものが必要かを、購入前に店員と相談しましょう。

Point **3**
シニア向けに安いスマホ料金（「シニア割」など）を設定している携帯会社もあるので、契約前にそういった割引があるかどうかを確認しましょう。

【メリット・デメリット一覧表】

スマホ、タブレット、パソコンのメリットとデメリットを簡単に比較しました。自分に合った端末を選ぶ際の参考にしましょう。

	メリット	デメリット
スマホ	サイズが小さいので持ち歩きしやすい。 携帯電話以外の機能が非常に多い。	動画を見すぎたり、ゲームをしすぎたりすると、利用データ量に応じて基本料金（月額）が変動するプランの場合、料金が高くなる。 データ量の上限が決まっている固定料金プラン（3ギガプランなど）は、上限を超えると通信制限がかかり、接続が遅くなる。
タブレット	機能はスマホとほぼ同じ。 画面がスマホより大きいので、映像や画像を見たり、電子書籍を読んだりするのに便利。	スマホのデメリットに同じ。 Wi-Fiタイプのタブレットは、Wi-Fiがない場所ではインターネットにつなげられない。
パソコン	ウェブサイトの閲覧、メール、文書作成など、同時にいくつもの作業ができる。	デスクトップ型パソコンは移動ができない。 ノートパソコンは軽量のものもあるが、日常的な持ち運びには重いものが多い。

【使う際の注意点】

デジタル機器はとても便利ですが、使う際にいくつか注意が必要です。まず、スマホやタブレットはセキュリティのアプリを、パソコンはセキュリティソフトを入れておかないと、怪しいウェブサイトを閲覧した際などに、ウイルス感染するリスクがあります。さらに、スマホは使い続けているうちに、何か操作していないと落ち着かなくなるなど、「スマホ依存症」になってしまうことも。そのため、使いすぎには要注意です。

Point **1**　ウイルスに感染したファイルや詐欺のメールをうっかり開くと、スマホが使えなくなったり、パスワードを盗まれたりと大変なことに！　差出人が怪しいメールは、開かずゴミ箱へ！

Point **2**　スマホを使いすぎてしまうと、肩こりや腰痛、眼精疲労など体調不良を起こすことも。寝る２時間前には手放す、などルールを決めましょう。

Mini Column

スマホの文字を「太く」する

スマホの文字が読みにくい場合、文字を大きくするだけでなく、太くしましょう。「設定」を開いてさらに「画面表示と明るさ（ディスプレイ）」をタップすると、文字の大きさや太さの設定を変更できます。

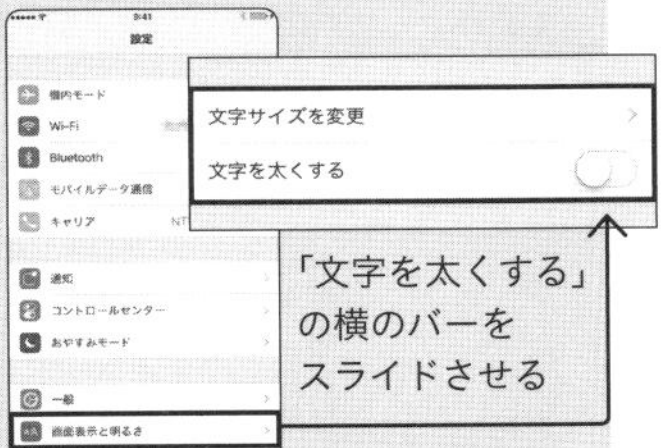

※機種によって画面は異なります。

スマホで外出が楽しくなる

「散歩中に見かけた花の名前を知りたい」「駅の広告に出ている芸能人の名前が思い出せない」といったときに便利なのが、Google（グーグル）の画像検索です。カメラで撮影した画像から、検索結果を表示してくれるので、疑問をすぐ解消することができます。ただし、便利だからといってなんでもかんでもすぐ画像検索するのではなく、思い出そうとすることも忘れずに！

【画像検索のやり方】

1

「Googleアプリ」を起動し、検索窓のカメラマークのアイコンを押します。iPhoneの場合は「Googleアプリ」をダウンロードしてください。ダウンロードの方法は46ページで説明します。

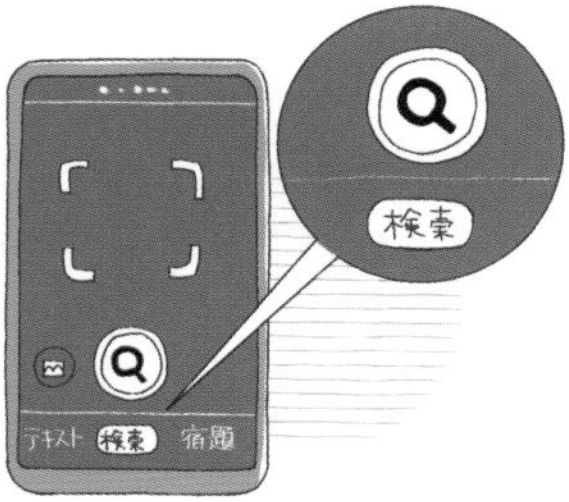

2

画面下部の選択タブから「検索」を選びます。

3

カメラで撮影するのと同じように、シャッターボタンを押します。検索結果が出てきます。

Mini Column

画像検索でこんなこともできる

外国語の看板やメニューなどの意味を知りたいときは、撮影する際に「検索」ではなく「翻訳」を押すと、その文字を日本語に翻訳してくれます。また、お気に入りの洋服と似たものが欲しいときなどは、「ショッピング」を押して撮影すると、類似した商品を表示してくれるだけでなく、購入サイトに誘導してくれます。

他人とつながるアプリを活用しよう

SNSを使うと知り合いだけでなく、世界中の人たちとつながることができます。でも、いちいち文章を入力するのは面倒だと感じたときは、TwitterやInstagram（インスタグラム）に写真だけアップすればOK。散歩中や外出先で撮った写真をアップすれば日記代わりにもなりますし、散歩の励みにもなるはず！

Point 1 写真を見た人からのリアクション（「♡」やコメント）があるとうれしいもの。コメントをくれた人とのやりとりが始まり、意外な人脈が生まれることもあります。

Point 2 毎日の食事をアップすれば備忘録になりますし、おいしそうにできた料理には「♡」がたくさんつくかもしれませんよ。

Point 3 写真といっしょに簡単なコメントもつけられるので、余裕があるなら一言添えるようにすると、より多くの人に共感してもらえます。

私はメッセージを打ち込めるTwitterを活用しています。

【Instagramで写真を投稿する方法】

1

Instagramのアプリをダウンロードして開きます。

2

ホーム画面の右上の「＋」マークをタップし、「投稿する」を選びます。

その場で撮影した写真を投稿したい場合は、画面真ん中の右端にある「カメラボタン」を押し、カメラ画面に切り替え、シャッターボタンを押して撮影して画面右上の「→」または「次へ」を押します。

3

スマホに保存している写真画像の一覧が出てくるので、その中から投稿したい写真や動画を選択して押します。画面右上の「→」または「次へ」を押します。

4

「キャプションを書く・入力…」を押すと、コメントを追加できます。

5

画面右上の「✓」または「シェア」を押すと投稿完了です。

写真を投稿する前に色味や明るさなどを変えることもできます。

LINEを活用しよう

国内での利用者が多く、企業や自治体もサービスの一環として続々と利用しているSNSがLINEです。メッセージのやりとり(トーク)や無料通話&ビデオ通話のほか、行政のお知らせを受け取れるなど、もはや生活インフラになっていると言っても過言ではありません。今後ますます活用の場が広がる可能性もあるので、使えるようになっておいたほうが安心です。

【 LINEの使い方 】

1

LINEアプリをダウンロードします。購入時に内蔵されている場合もあります。

2

アプリを開いたら「新規登録」を押し、スマホの電話番号を入力して、SMSに認証番号を送る確認画面が出たら「送信」または「OK」を押します。

3

届いたSMS認証コードを入力します。

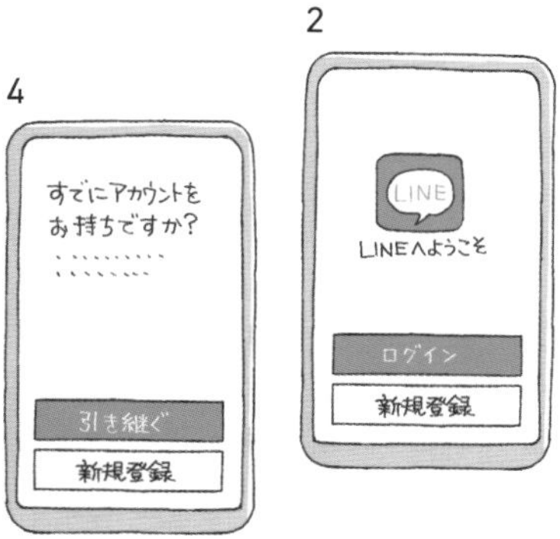

4

「すでにアカウントをお持ちですか?」の画面で「アカウントを新規作成」を押します。

6

5

5

「アカウントを新規登録」画面で、LINE上の名前（アカウント名）を入力して「→」を押し、本人確認用のパスワードを入力して「→」を押します。アカウント名は後から変えることができ、本名でもペンネームでもOK。パスワードは忘れないよう、手帳などに控えておきましょう。

6

次の「友だち追加設定」画面で、「友だち自動追加」と「友だちへの追加を許可」のチェックをそのままにしておくと、アドレス帳に登録されているLINEユーザーが自動的に友だち登録されます。チェックを外し、「→」を押すとこの機能は解除されます。

7

次の「年齢確認」は手間がかかる上に、後から設定できるので「あとで」を押します。すると「サービス向上のための情報利用に関するお願い」画面になるので、内容を読んで問題なければ「同意する」を押します。

8

次に位置情報の使用許可を聞かれますが、「アプリの使用中のみ許可」にするのがおすすめ。最後に「OK」を押せば、これでLINEが使えます。

Mini Column

友だち追加のやり方

①LINEホームタブの検索窓右側にある「QRコードボタン」をタップして起動します。
②相手に「マイQRコードボタン」をタップしてもらい、QRコードを提示してもらいます。
③相手のQRコードをカメラの枠に合わせて読み取り、読み込めたら相手の名前とアイコンを確認して「追加」を押します。

シニアでも楽しめる無料アプリ

スマホで利用できる生活に役立つ便利な無料アプリや、シニア向け無料アプリでおすすめのジャンルをご紹介します。

【アプリのダウンロードの方法】

1

GooglePlayストアやAppストア（スマホに最初から入っているアプリ）を開き、欲しいアプリを検索してダウンロードします。ダウンロードが完了したら「開く」を押し、アプリを起動します。

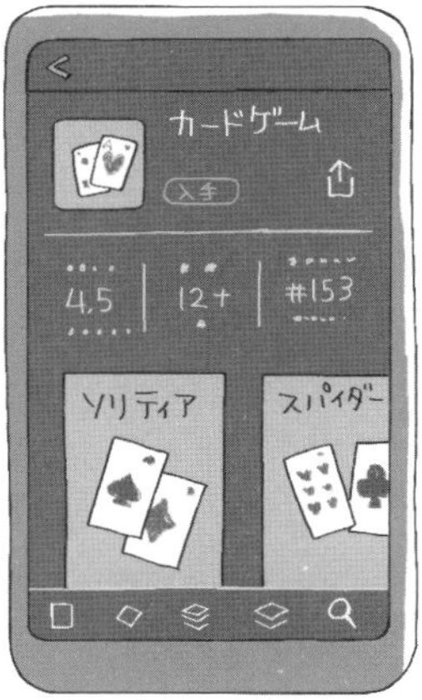

2

アプリによっては、名前やメールアドレスの登録、アカウントの設定などを行う必要があります。アカウントの設定が面倒なアプリもあるので、携帯ショップのアカウント設定サービス（店舗によっては有料）などを活用するのもいいでしょう。

3

無料アプリの中には、機能を増やす際などに有料となることがあるので、気づかずにうっかり使って料金を請求されてしまう、なんてことも。きちんと確認することが必要です。

こんなにある！【シニアにおすすめの無料アプリのジャンル】

ラジオアプリ

「NHKラジオ らじる★らじる」や「radiko（ラジコ）」などでラジオの視聴が可能。この２つのアプリは、現在放送中のラジオ番組だけでなく、聴き逃してしまった番組を後から聴くことも可能。「radiko」のプレミアム会員（有料）は、自分の居住地以外の番組が聴き放題に。

生活情報を得られるアプリ

ニュースや天気予報のアプリは、いち早く最新情報を得られます。中でも「tenki.jp」や「Yahoo!天気」などは、雨雲レーダーでいつ雨が降り始めるかを予測できます。また、「NHKニュース防災」というアプリはNHKのニュースを閲覧できるだけでなく、防災情報も配信してくれます。

医療系アプリ

新型コロナウイルス感染拡大をきっかけに、導入が進んでいるのがオンライン診療です。病院やクリニック側が指定するアプリをダウンロードし、担当医とのビデオ通話で診察してもらえます。また、お薬手帳のアプリを使えば、薬局に持参を忘れる心配がありません。

健康管理アプリ

血圧が心配なら、毎日の血圧の値を入力するだけで血圧管理してくれるアプリをぜひ使いましょう。また、毎日の食べたものを記録すると、食事バランスを点数で評価してくれたり、足りない食材などを指摘してくれたりする栄養管理アプリも、健康管理に役立ちます。

お出かけに便利なアプリ

地図アプリはAndroidなら「Googleマップ」、iPhoneなら「マップ」アプリがすでにスマホに入っています。最寄りの駅から目的地までの経路を案内してくれる機能があるので、外出時の強い味方に。また、電車やバスの乗り換えを教えてくれる「Yahoo!乗換案内」なども入れておくと便利です。

ゲームアプリ

脳トレやクロスワードパズルなど認知症予防にもぴったりな頭脳ゲーム、麻雀や囲碁・将棋、オセロなどの定番ボードゲーム、人気のテレビ・パソコンゲームのスマホ版まで、幅広いジャンルのゲームが揃っています。ただ、ゲームを進めていくと有料になるアプリも多いので気をつけましょう。

電子書籍アプリ

電子書籍は、これ以上家の蔵書を増やさなくてすむ上に、文字の大きさを変えられるので、大きな文字にして読めます。最新刊など欲しい本を購入するには「アマゾンKindle」「楽天Kobo」「honto」などのアプリをダウンロードし、クレジットカードを登録する必要があります。なお、版権が切れた作品や著者の許諾がある作品をすべて無料で読める「青空文庫リーダー」というアプリもあります。

飲食店検索＆デリバリーアプリ

外食する際、料理のジャンルや地域で検索ができる「食べログ」などのアプリが便利です。また、出前をとるときは、「Uber Eats」「出前館」などのアプリを利用すると、数多くの種類の中から選んで注文できたり、クーポンやキャンペーンを使えたりすることも！

レシピアプリ

今日の献立に悩んでいるときや、余った食材を使いたいときなどに活用できるのが、「クックパッド」などのレシピ系アプリです。「DELISH KITCHEN」など、動画で作り方をわかりやすく教えてくれるアプリもあるので、作ったことのない料理を作る際も安心です。

スマホ教室・セミナーを活用しよう

検索や動画の閲覧などは、パソコンを使わずにスマホやタブレットで十分できます。「でもスマホの使い方がよくわからないし……」という場合は、自治体の高齢者向け無料セミナーや、携帯電話ショップの無料教室、家電量販店などの有料サポートを調べて活用しましょう。

Point 1 総務省バックアップの無料セミナーを活用

令和３年度から始まった「総務省事業デジタル活用支援講習会」を実施している店舗やNGOでは、マイナンバーカードの申請方法や、公金受取講座や健康保険証利用の登録など、スマホでできる行政手続きも無料で学べるので、自宅周辺で実施していないか探してみてください。

Point 2 パソコン教室の無料体験を試してみる

スマホを使いこなせるようになり、パソコンでもっと複雑な作業をしたくなったら、パソコン教室に通うのも一つの手です。費用がややかかりますが、無料体験がある教室も多いので、お近くの教室を探して問い合わせてみましょう。

【おすすめのスマホ教室】

スマホの使い方を知りたい場合、携帯電話ショップや家電量販店に問い合わせるのがおすすめです。無料のスマホ教室を開催していることもあるので、相談してみましょう。

携帯電話ショップ

ドコモ、au、ソフトバンクのショップでは、スマホに詳しいスタッフが講座を開催しています（要予約）。基本操作や電話・メールの使い方、写真や動画の撮影方法といった初心者向けのものから、インターネットやアプリの使い方など、自分のレベルに合った講座を選んで受講できます。ほとんどの講座が無料な上に、他社の携帯電話契約者や、スマホをまだ持っていない人でも参加可能です。

家電量販店

家電量販店でも、有料でサポートを実施している店があります。例えば、ビックカメラ・コジマ・ソフマップでは、スマホの点検や、契約後すぐ使えるように初期設定してくれるサービスなどを実施。料金は、ほかの店舗もおおむね１件につき数千円というところが多いようです。店舗によっては購入者のみの限定サポートなど、条件が異なる場合があるので、購入前に相談しておくと安心です。

韓国ドラマが好き！
趣味の麻雀動画も観ています

２年前から動画配信サービスのＮｅｔｆｌｉｘ（ネットフリックス）に加入して、それ以来、韓国ドラマや映画を中心に楽しんでいます。画面の小さなスマホやタブレットではなく、画面が大きいテレビで観たくて、Ａｍａｚｏｎ（アマゾン）のファイヤーＴＶスティックを自分ひとりでセッティングしたんですよ。

ひとり暮らしですから、なんでも自分でやらなくてはなりません。私にはすごく大変な作業でしたが、おかげで大画面で映像が楽しめるようになりました。

最近では、イ・ビョンホンが出演している韓流ドラマ『私たちのブルース』が泣けました。私はあまり同じ作品を見直したりしないほうですが、すごくよかった。いいシーンを繰り返し観て、そのことをＴｗｉｔｔｅｒに書き込んだら、同じ作品を

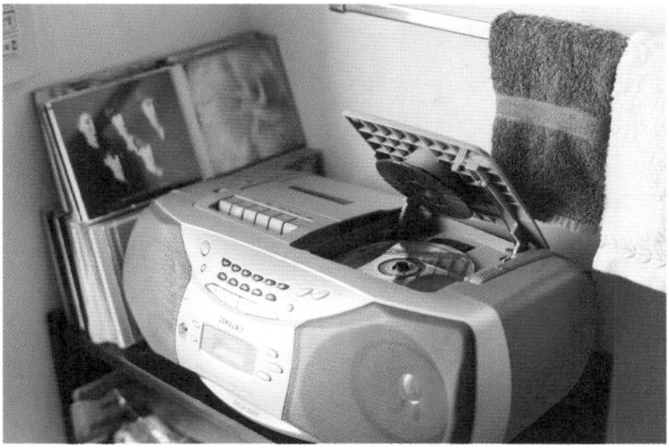

娘に勧められて聴き始めた「BTS」。今ではすっかりファンになって、韓国ドラマを観たり、お風呂で彼らの曲を聴いたりしています。

観ている人から、「私も観たわよ」と返信があって盛り上がりました。

それと、ＡＢＥＭＡ（アベマ）の麻雀《マージャン》番組『Ｍリーグ』やプロの雀士による動画も観ています。

私は、趣味で週１回、麻雀をやっているのですが、やはりもっとうまくなりたい。そんなことを話したら、麻雀仲間から、「自分だったらどうしているかを考えながら、プロの雀士の麻雀を観ると勉強になるよ」と言われました。それ以来、ときどき観ています。ひとりでやる麻雀ゲームでは、先に上がることが目的になってしまって、上達しないそうです。麻雀は４人で行うゲームですから、相手の作戦を読む必要があるそうです。いくつになっても、勉強は大切ですね。

【 大崎さんの「韓ドラ＆映画」視聴メモ 】

2020年6月17日Netflix 開始（一部抜粋）

奇皇后	51話
愛の不時着	16話
梨泰院クラス	16話
不滅の恋人	20話
太陽を抱く月	20話
王女未央	54話
カインとアベル	20話
彼女はキレイだった	16話
トッケビ	16話
瓔珞（中国）	70話
ザ・キング	16話
仮面の王イ・ソン	20話
トキメキ☆成均館スキャンダル	20話
1%の奇跡	20話
王は愛する	20話
朱蒙	81話
私のIDはカンナム美人	24話
寝ても覚めても（日本）	映画
青春の記録	16話
アルハンブラ宮殿の思い出	16話
ある春の夜に	16話
ピノキオ	20話
椿の花咲く頃	20話
ロマンスは別冊付録	16話
ショッピング王ルイ	16話
サイコだけど大丈夫	16話
スタート　アップ	16話
恋のゴールドメダル	16話
花郎＜ファラン＞	24話
100日の郎君様	16話
男と女	映画
ドドソソララソ	16話
シンデレラと4人の騎士	16話
愛の温度	20話
Run On	16話
エターナルラブ	58話
都会の男女の恋愛法	17話
夜が明けるまで（米国）	映画
君を愛した時間	16話
Skyキャッスル	36話
ワンダーラスト（英国）	6話
30だけど17です	32話
プリンセス婚活記	映画
イカゲーム	9話

…など

実際の視聴作品数はこの3倍以上。観た作品を忘れないように、スマホにすべてメモしています。

どの動画配信サービスを選ぶ？

2021年の時点で国内の3000万人以上が利用し、従来のテレビ番組よりも勢いがあるとさえ言われている動画配信サービス。最新のテレビには、人気の動画配信サービスに対応しているものがあるほど。毎月定額でインターネットを通じ、膨大な数の番組の中から好きな番組を好きな時間に観ることができる（※1）というのが、その最大の魅力です。

Point 1 番組の数が圧倒的

どのサービスも1万本以上の番組を配信しているので、好みの番組が必ず見つかります。

Point 2 スマホやタブレットでも観られる

動画配信サービスはスマホやタブレットで視聴可能。寝室などテレビがない部屋や、電車での移動中（※2）など、場所を選ばずに観ることができます。

Point 3 月額以外に料金が発生することも

最新作の映画や特別番組など、別途料金がかかる作品もあります。

※1　通常のテレビ番組のように、配信日時が決まっているサービスも一部あります。また、詳しい視聴方法については64ページで説明します。

※2　外出先で動画を観る場合は、ダウンロードした動画でないと、データ通信量が膨大になって追加料金がかかったり、接続速度に制限がかかったりするので注意を。また、ダウンロードに対応していないサービスもあります。

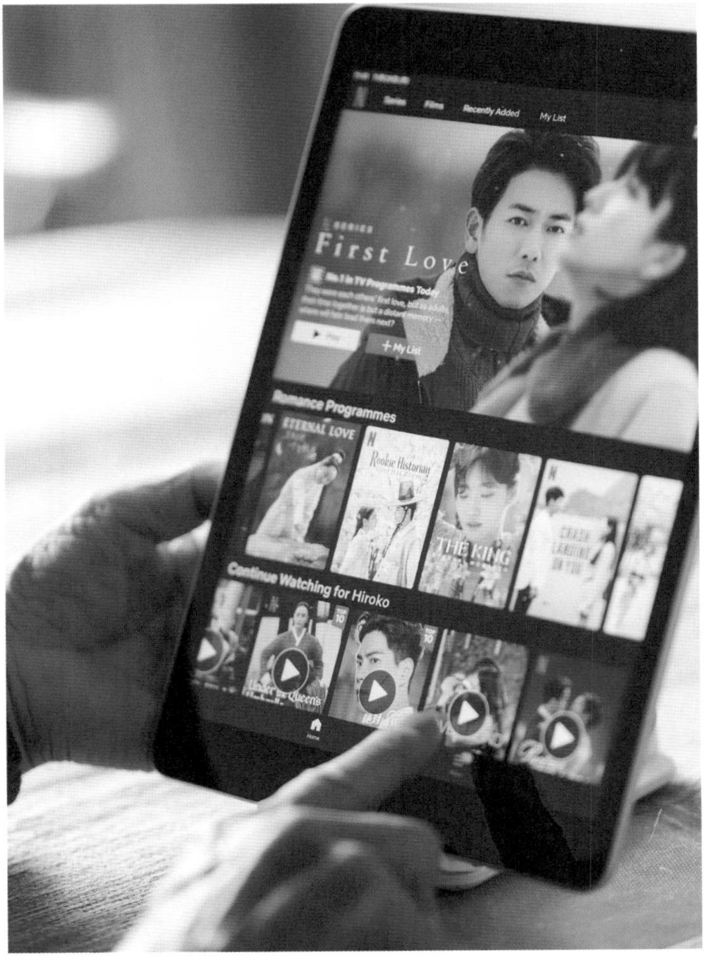
Recently Added
My List
First Love
+ My List
Romance Programmes
ETERNAL LOVE
Rookie Historian
THE KING
Continue Watching for Hiroko

【 主な動画配信サービス 】

人気の動画配信サービスとその特徴、料金をご紹介します。自分の好みに合ったサービスを探す際の参考にしてください。

※ここで紹介する料金プランは一例です。また料金はすべて税込み価格です。
紹介している番組は、配信が終了していることもあります。

サービス名／料金	特徴	主なジャンル
NHK オンデマンド まるごと見放題パック 月額990円 1本110～330円での購入も可能	NHKの地上波・衛星波で放送している番組の中から、月約500本を放送当日もしくは翌日から配信。さらに過去放送された名作大河ドラマや連続テレビ小説、ドキュメンタリーなど約1万本の番組を視聴可能。会員登録（無料）すれば観られる無料番組も不定期で配信。	ドラマ、ドキュメンタリー、教養、趣味・実用、エンタメ、報道・スポーツ、キッズ・アニメ
NHKプラス 無料	NHK総合・Eテレの番組を放送中から放送後1週間（一部最長2週間）、スマホなどで観ることができる。NHKの放送受信契約があれば追加料金なしで利用可能。自分の居住地以外の地域のニュースなどを配信する「ご当地プラス」などもある。	ドラマ、ドキュメンタリー、教養、趣味・実用、エンタメ、報道・スポーツ、キッズ・アニメ

サービス名／料金	特徴	主なジャンル
FOD **プレミアム** 月額976円 レンタルは 別料金	フジテレビ運営の動画配信サービス。フジテレビの放送中作品から、「犬神家の一族」シリーズや「大草原の小さな家」シリーズなどの過去作品、FODオリジナルのドラマやバラエティなどの番組が、8万本以上ラインナップ。一部見逃し配信無料番組もあり。また、180誌以上の雑誌、マンガ対象作品を無料で読める。2週間の無料トライアルあり。	国内ドラマ・ 映画、アニメ、 バラエティ、 アジアドラマ・映画、 海外ドラマ・映画、 ドキュメンタリー、 音楽・舞台・ スポーツ、キッズ・ ファミリー
U-NEXT 月額2189円 レンタルは 別料金	国内動画配信サービスNo.1の24万本以上の配信本数を誇る。最新作のレンタル（別料金）のほか、宝塚歌劇をはじめ、演劇やお笑いの舞台、韓流ドラマのラインナップが充実。さらに170誌以上の雑誌が読み放題で、マンガや書籍の購入もでき、毎月もらえる1200円のポイントを最新映画のレンタルやマンガの購入に利用可能。31日間の無料トライアルあり。	洋画、邦画、 海外ドラマ、 韓流・アジアドラマ、 国内ドラマ、 アニメ、キッズ、 ドキュメンタリー、 音楽・ライブ、 バラエティ、 舞台・演劇
ABEMA **（アベマ）** ABEMA プレミアム 月額960円	番組表にしたがって配信される番組は、通常のテレビと同様にCMが流れ、24時間全27チャンネルを無料で見ることができ（一部有料）、アニメや韓流・華流ドラマ、麻雀、釣りなどジャンルが幅広い。見逃し配信の機能もある（一部対象外）。ABEMAプレミアムに加入すれば、オンデマンド視聴やプレミアム対象作品の視聴も可能に。2週間の無料トライアルあり。	アニメ、バラエティ、 映画、ドラマ、 スポーツ、 ニュース、 恋愛番組、 韓流・華流、 K-POP、 将棋、麻雀、 HIPHOP、格闘、 ドキュメンタリー、 釣り、音楽

サービス名／料金	特徴	主なジャンル
Paravi **(パラビ)** 月額1017円 レンタルは 別料金	TBSテレビ、テレビ東京、WOWOWの合同動画配信サービスで、1万本以上の番組を配信。「3年B組金八先生」シリーズ、「渡る世間は鬼ばかり」シリーズ、「8時だョ！全員集合」などの TBSの人気作品や、テレビ東京制作の経済番組「ガイアの夜明け」「カンブリア宮殿」などを配信している。毎月レンタル視聴で使える550円のチケットがもらえるが、アプリがやや使いにくいという難点も。	国内ドラマ、バラエティ、アニメ、ビジネス・日経、国内映画、韓流・アジア、スポーツ、海外作品、音楽・ステージ、LIVE
TVer **(ティーバー)** 無料	国内最大級の見逃し配信動画サービス。民放テレビ局が連携し、広告付きで完全無料のサービスを実現。人気ドラマやバラエティ、アニメなどの一部番組を一定期間内無料で視聴できるほか、過去の番組の配信、リアルタイム配信やライブ配信などもあり。	ドラマ、バラエティ、アニメ、編集部オススメ番組、SNSで話題の番組、オリジナル企画、音楽、ご当地番組、スポーツ
Amazon **プライムビデオ** 月500円 年4900円 ※Amazonプライム会員なら無料 購入500円～、 レンタル100円～	配信作品数は非公表だが、5万本を超える作品が配信されているとも。別料金で一部作品の購入やレンタルも可能。トップ画面では「1970年代の映画」「アメリカのTVドラマ」など、カテゴリーが細かく分類されており、番組を検索しやすくなっている。30日間の無料体験あり。	映画、ドラマ、韓流ドラマ、ドキュメンタリー、ニュース、コメディ、ミュージック、アニメ、キッズ

サービス名／料金	特徴	主なジャンル
Netflix (ネットフリックス) 月額： ベーシックプラン990円、 スタンダード1490円、 プレミアム1980円	アメリカ発のサービスで、エミー賞で13ノミネートされた「ストレンジャー・シングス未知の世界」や、韓国ドラマ「イカゲーム」をはじめとするオリジナル海外ドラマが充実。もちろん日本のテレビ作品や映画、アニメも多く配信され、独占配信や自社制作によるクオリティの高いオリジナル作品が豊富。料金は画質や同時視聴できる端末の数によって異なる。	海外映画、海外TV番組・ドラマ、国内映画・TV番組・ドラマ、ドキュメンタリー、受賞歴のある作品、懐かしの名作、音楽・ミュージカル、スポーツ、アニメ、キッズ・ファミリー、アジアTV番組・ドラマ
Hulu (フールー) 月額1026円	アメリカ発のサービスで10万本以上の作品を配信し、海外ドラマのラインナップが充実している。日本テレビの子会社が事業を継承したことから、日本テレビの地上波放送番組に未公開シーンを加えた特別番組や、関連のオリジナル番組などの配信がある。2週間の無料お試しあり。	海外ドラマ、国内ドラマ、アニメ、洋画、邦画、アジア、バラエティ、ドキュメンタリー、ライブTV(スポーツ・ライブ・ニュース)、特集

サービス名／料金	特徴	主なジャンル
DAZN **(ダゾーン)** お気軽プラン 月額3000円 年間プラン （一括払い） 2万7000円 年間プラン （月々払い） 毎月2600円	日本だけでなく世界各国の好きなスポーツ番組をどこでもライブ視聴でき、見逃し配信も視聴できるスポーツ専門動画配信サービス。サッカーはJリーグやセリエAなど欧州リーグの一部、野球はプロ野球のほぼすべての試合を配信し、スポーツ好きにはたまらないラインナップ。	サッカー、野球、 モータースポーツ、 アメリカンフット ボール、バスケット ボール、ゴルフ、 エンターテインメント、 ボクシング、テニス、 エクストリームスポーツ、 競馬、総合格闘技、 ダーツ、トライアスロン
Disney+ **(ディズニープラス)** 月額990円、 年額9900円	ディズニーがグローバルで展開する公式動画配信サービスで、約1万6000作品を配信。ディズニー、ピクサー、マーベル、スター・ウォーズ、ナショナルジオグラフィック、スター（Star）の作品を視聴できる。懐かしい名作や未公開のディズニー映画、マーベルのアベンジャーシリーズ、多数のオリジナル作品などがラインナップ。スターブランドが追加されたことで、20世紀スタジオ系列の映画やABC、FOX系列のドラマも見放題に。	ディズニー長編 アニメ映画、 ディズニー実写映画、 ピクサー映画、 マーベル映画、 スター・ウォーズ 全エピソード、 ナショナルジオグラ フィック作品、 スターオリジナル ドラマなど

動画サービスに登録する

視聴したい動画配信サービスが決まったら、アプリを検索してダウンロードします。その後、アカウントやIDを新規登録し、名前などの必要事項や支払い方法などを入力すれば、すぐに動画を観ることができます。

【 Netflixの場合 】

Step 1　スマホのブラウザ（AndroidならGoogle Chrome、iPhoneならSafari）の検索窓で「ネットフリックス」を検索し、ネットフリックスのホームページに飛びます（アプリからは登録完了できないため、アプリのダウンロードは後からでOK）。

Step 2　メールアドレスを入力し、パスワードを設定してアカウントを作成します。

Step 3　自分に合うプランを選びます（プランはいつでも変更可能）。

Step 4　支払い方法をクレジットカード、ギフトカード、PayPayなどから選択すれば登録完了です。

※配信サービスの中には、アプリから登録できるものもあります。
また、決済方法はサービスによって異なります。

09 人とつながる趣味が広がる「デジタル生活の知恵」実用編

テレビ画面で動画を楽しもう

動画配信サービスに登録しても、スマホやタブレットの画面では小さいので、長時間、観るのは大変です。そこで、テレビの大画面で動画を楽しむ方法を紹介しましょう。なお、この場合も、スマホのアプリで登録は済ませておきましょう。

Point 1 スマートテレビを利用

「スマートテレビ」とはインターネットに接続できるテレビのこと。最近はネットにつなげるだけで、動画配信サービスを観られるものがあります。

Point 2 メディアストリーミングデバイスを利用

ファイヤーTV、Chromecastなどのメディアストリーミングデバイスをテレビに接続して見る方法です。

Point 3 対応のゲーム機やBlu-rayプレイヤーを利用

PlayStationなどのゲーム機やBlu-rayプレイヤーを経由して視聴。ただし、対応している動画配信サービスが少ないというデメリットも。

Point 4 HDMIケーブルを利用する

テレビとスマホやタブレットをHDMIケーブルで接続して観る。

※いずれの方法もインターネット回線が必要。

【 ファイヤー TV スティックで動画を見る 】

メディアストリーミングデバイスの中でも、Amazon（アマゾン）のファイヤーTVスティックを使う方法を解説します。

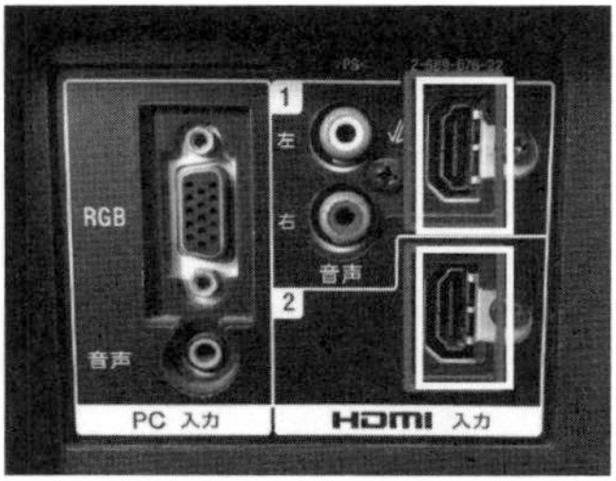

Wi-Fiはインターネットに接続可能な機器を無線で接続する方式・規格のこと。Wi-Fiを使うにはルーターという機器が必要です。

Step 1

ファイヤー TVスティックを使うには、HDMI入力端子があるテレビと、無線Wi-Fi（ワイファイ）が必要です。HDMI入力端子が付いているか、テレビの側面や裏面を確認しましょう。また、インターネット回線の契約も先に行う必要があります。

Step 2

環境が整ったら、ファイヤー TVスティックをAmazonやネットストア、家電量販店などで購入します。なお、Amazonで購入する場合、「デバイスをアカウントにリンクする」にチェックを入れると、アカウント登録されたファイヤー TVスティックが送られてきます。

Step 3

ファイヤー TVスティック本体側面に付属の電源ケーブルを接続し、本体（または本体に取り付けた延長ケーブル）をテレビのHDMI入力端子に接続します。

Step 4

電源ケーブルをコンセントに挿したら、テレビとの接続は完了です。

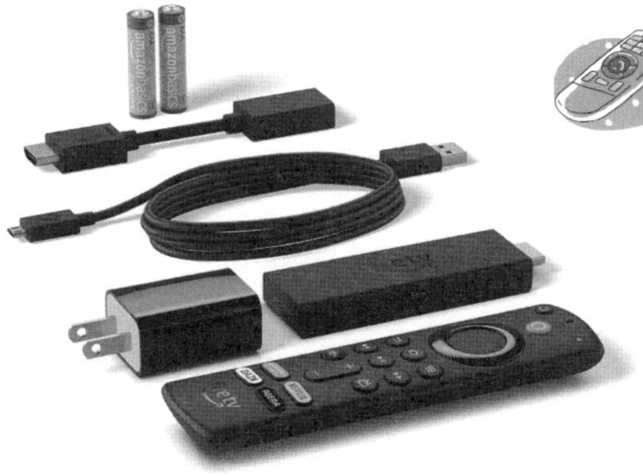

Step 5

次にファイヤーTVスティックのセットアップを行います。まず、Wi-Fiのネットワーク名（ルーターに記入されています）とパスワードをメモしてから、テレビの電源をつけ、リモコンでファイヤーTVスティックを起動します。

Step 6

しばらくするとリモコンをペアリング（端末同士の通信をつなぐ作業のこと）するよう指示されるので、リモコンのホームボタンを長押しします。

Step 7

ペアリングが完成すると、「再生／一時停止ボタン」を押すよう表示されるので、ボタンを押します。

Step 8

使用言語の選択画面になったら、「日本語」を選択し、リモコンの決定ボタンを押します。

Step 9

次にファイヤーTVで検出されたWi-Fiの一覧が表示されるので、該当するネットワーク名を選択して、ネットワークに接続します。

Step 10

Amazonアカウントでファイヤー TVにサインイン（ログイン）します。すでにAmazonアカウントを持っている人はサインインを選択します。

Amazonのアカウントを持っていない人は「アカウントを新規作成」を選択し、名前、フリガナ、メールアドレス、パスワードを入力してアカウントを作成します。なお、ファイヤーTVで文字入力するのが面倒な場合、あらかじめスマホでアカウントを作っておくと簡単です。

Step 11

機能制限を有効にするかたずねられるので、小さな子どもがいる家庭などは、有効にしておきましょう。

Step 12

テスト用の音楽が再生され、リモコンの音量ボタンで音量を変えられれば、「はい」を押します。これでセットアップ作業は完了です。

Step 13

続けて動画配信サービスなどのアプリをダウンロードするかたずねてくるので、希望の選択をしてダウンロード、または後からダウンロードします。

ファイヤーTVには、スマホやタブレット、パソコンの画面をテレビに映すミラーリングという機能があります。ただし、Androidスマホは機種によりミラーリング方法が異なります（iPhoneは有料アプリが必須）。

第3章

シニアライフ充実のカギ！

健康の知恵

1日8000歩が目標、幸せはまず健康から

背すじをピンと伸ばしたきれいな姿勢を保つことが、健康の源《みなもと》だと思っています。背中が丸まった姿勢はだめ。より年を取って見られますから。私はいつも一直線の上を歩くようなつもりで、胸を張って顔を上げて歩いています。太極拳の仲間からは「後ろ姿は90歳には見えないね」って冷やかされます（笑）。そんなわけで、私、後ろ姿には自信があるんですよ。

健康のためには、１日８０００歩は歩くようにしています。朝の太極拳に参加するために、家から石神井公園までは往復で約４０００歩。太極拳の仲間と公園をぐるっとウォーキングして戻ってくると７５００歩ぐらいに。それから買い物に出かければ、だいたい８０００歩になります。スマホを置いて太極拳

をしているので、本当はもっと歩数が多くなると思います。

背すじをまっすぐに保つためには、腹筋や背筋が必要です。歩くことで、体幹も自然と鍛えられているのではないでしょうか。体幹がしっかりしていれば、内臓の働きにもきっといい影響がありますよね。

そして、気をつけていることとしては、散歩のときに両手を空けておくこと。両手を空けておかないと、転んだときにケガしてしまう危険があるから。そのために今は、ショルダータイプの小さなバッグを斜めがけして歩いています。この間もつまずいて転んだけれど、革の手袋をしていて、両手をついたので大きなケガをせずにすみました。

そのほかの健康法としては、きれいなものやドキドキすることを探すようにしています。

実は私、ＢＴＳ（韓国の７人組アイドルグループ）が大好き。ＢＴＳの曲を大音量で聴いたり、ライブ映像をテレビで流しっぱなしにしたりすると、不思議と元気になれるんです。いくつになっても大好きなものがあったり、ドキドキときめいたりすることが、健康の素になっているみたいです。いわゆる「推し活」ですね。

それから、苦手な人には近づかないようにしています。どうしても合わない人っていますよね。話がかみ合わないし、おしゃべりしても楽しくない。そんなときは、無理してまで仲よくしようとは考えないことです。ストレスが原因で体に不調が現れることもありますしね。ストレスになるようなことはやらないようにしています。

朝、早起きして公園まで出かけて、太陽の光を浴びながら体を動かすこと。知り合いとおしゃべりをして、たくさん笑うこと。好きなアーティストを観て聴いて、ワクワクドキドキすること。こうした毎日の積み重ねが、いくつになっても健康に過ごせることにつながっているのではないでしょうか。

私も元気とはいえ、血圧や血糖値が高いので薬を飲んでいます。自分の老いを受け入れながらも、生かされているうちは健康でいたい。そのために、無理なくできることを日々コツコツ積み重ねています。

毎日5分間太極拳を行って寝たきりを予防する

太極拳は、高齢者向けの健康法として親しまれていますが、本来は中国の伝統的な武術です。小さな体でも大きな相手を倒せるように考案された武器を使わない格闘技で、柔軟な動きの中に力強く激しい動きも存在します。

さまざまな流派がありますが、代表的なものは、24の型をまとめた「24式太極拳」と呼ばれるものです。24式太極拳は、体の重心を少し落とした姿勢での動きが多く、全身の筋肉をバランスよく使うことが特徴です。簡単な動きの型、激しい動きの型が組み合わさっているので、自分の体調や気分で好きな型を選んでやってみるとよいでしょう。

教室などに習いに行かなくても、24式太極拳はYouTubeをはじめ、ネット上にもたくさんの動画が上がっているので、毎日5分、続けてみましょう。はじめは型を覚えるのは難しいかもしれませんが、同じ型を繰り返すことで自然に動けるようになります。加齢とともに筋肉量が落ちていくのを防ぐためにも、日頃の運動が有効です。

太極拳を始めて８年目。最初は５～６人でしたが、今では30人ぐらい集まります。私の本を読んで参加してくれた人もいるんですよ。

【太極拳の効果】

Point **1**

下半身の筋肉を鍛えられる

体の重心を落とした動きは、足腰の筋肉を使います。下半身を鍛えることで、転倒予防になります。

Point **2**

血流がよくなる

全身をバランスよく動かすため、体が柔らかくなり、血流がよくなります。冬でも続けるうちに体がぽかぽかしてきます。

Point **3**

深い呼吸でリラックス

深い呼吸をしながら動作を行うと緊張がほぐれます。副交感神経が優位になり、リラックス効果もあります。

【太極拳の動き】

太極拳の動きをよく見ると、頭や腕、足だけでなく、あらゆる関節が同時に動き続けています。さらに、大きな特徴として、複雑に動きながらも体の重心は足元付近にあります。そのため、どっしりとした安定感があり、バランス感覚が培われるのです。手、首、足の動きがそれぞれ異なるため、太極拳の動きを覚えるのはなかなか難しいことですが、毎日、続けることで少しずつ身につけることができるでしょう。

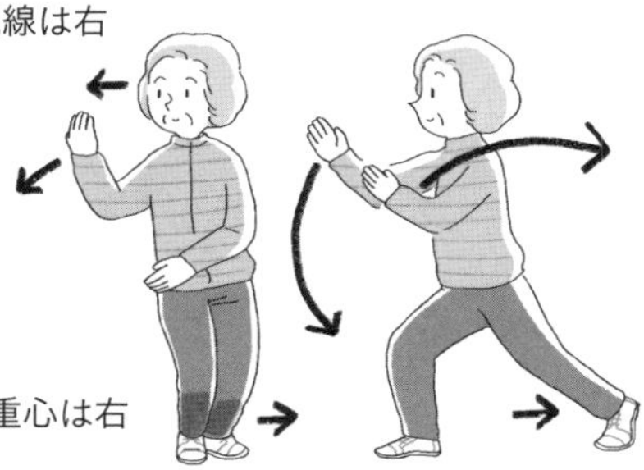

重心は右のまま、左足を出す

太極拳の特徴的な動きをイラストにしました。右足から左足へ、左足から右足へと、雲の中を分け進むように、ゆっくりと重心を移動します。

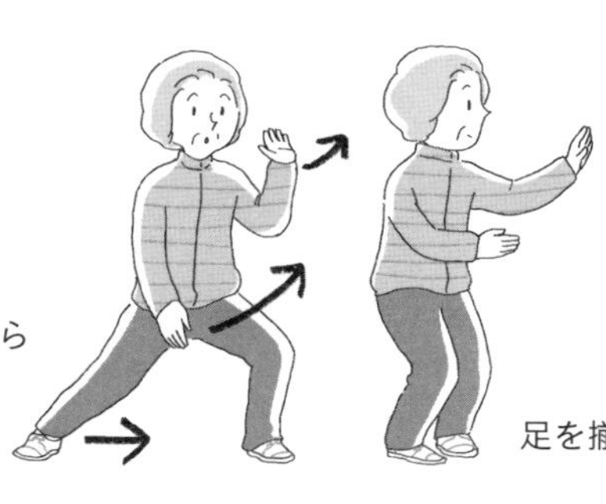

Mini Column

太極拳でサルコペニアを防ぐ

加齢によって筋力が低下することを「サルコペニア」と言います。サルコペニアになると、座る、立ち上がるといった動作が大変になって、引きこもりのようになる、転倒しやすくなり、転んで骨を折って寝たきりになってしまうなど、二次的な悪影響もあります。年齢とともに筋力が衰えていくのは仕方がないことですが、運動をして自分で筋力をつけていくことは可能です。

1日8000歩を最終目標に歩く

体への負荷が少なく、誰でもできるウォーキングは、心と体の健康づくりの基本です。1日8000歩を最終目標に、毎日歩いてみましょう。酸素を摂り入れながら行う有酸素運動は、長く続けるほどに代謝が上がり、息切れしない程度の速さで歩くことで血圧も安定します。季節のうつろいを感じながら歩くことで疲労やストレスが軽減され、うつ予防にもなります。

以下のようなポイントを意識すると、より効果的なウォーキングになります。

Point **3**

背すじを伸ばし、目線はまっすぐ前に。肩に力が入らないように気をつけて。

Point **2**

速すぎず遅すぎず、うっすら汗ばむ程度がベスト。水分補給も忘れずに。

Point **1**

歩幅は普段歩くときより少し広めに。足の裏で地面を蹴るような感覚で。

【歩数と病気予防の関係】

1日に歩く歩数によって、予防できる病気が変わってきます。自分の目的に合わせて、どのくらい歩くかの目安を決めましょう。

歩数	速歩き時間	予防（改善）できる可能性のある病気・病態
2000歩	0分	●寝たきり
4000歩	5分	●うつ病
5000歩	7.5分	●要支援・要介護 ●認知症（血管性認知症・アルツハイマー病）●心疾患（狭心症・心筋梗塞）●脳卒中（脳梗塞・脳出血・くも膜下出血）
7000歩	15分	●がん（結腸がん・直腸がん・肺がん・乳がん・子宮内膜がん） ●動脈硬化 ●骨粗しょう症 ●骨折
7500歩	17.5分	●筋減少症 ●体力の低下（特に75歳以上の下肢筋力や歩行速度）
8000歩	20分	●高血圧症 ●糖尿病 ●脂質異常症 ●メタボリック・シンドローム（75歳以上の場合）
9000歩	25分	●高血圧（正常高値血圧） ●高血糖
1万歩	30分	●メタボリック・シンドローム（75歳未満の場合）
1万2000歩	40分	●肥満

※速歩き時間は中強度活動のこと。1日の歩数のうち、速歩きをする時間が何分必要かを示しています。

「中之条研究から見えてきた“病気にならない生活法”」社会参加と地域保健研究チーム専門副部長 青柳幸利（東京都健康長寿医療センター研究所「研究所NEWS」No.265）より

外出のきっかけをつくる

外出は、体力や筋力の向上だけでなく、うつなどの予防にも効果的。通院だっていいんです。散歩や買い物など、毎日同じ場所へ行くだけでもよいのですが、脳に刺激を与えるために、たまには普段行かない場所へ行ってみましょう。

用事は1日でまとめて済ませるのではなく、別々の日に設定することも大切。今日は郵便局へ、明日は歯医者さんへ行く。そうやって用事をつくっていくことで、家にこもらず、毎日誰かしらと会うことができますよ。

外出先のアイデアが思い浮かばないときは、Twitterなどをチェックして、最新のお出かけ情報を手に入れてみて。自宅近くの情報を発信するアカウントをフォローしておくと、「ここに行きたい！」と思える場所がたくさん見つかります。

【 外出の効果 】

Point 1　日光を浴びることで、睡眠障害やうつ病を予防することができます。

Point 2　行先や道順について考えることで脳が活性化され、認知症を予防できます。

Point 3　ワクワクする気持ちを持つと、脳の感情を司る部分が刺激され記憶力が向上します。

Twitterで情報を探す

1

スマホでTwitterのアプリをダウンロードします。

2

アプリを開くと、入力欄が出てくるので、電話番号や生年月日など必要事項を登録して、アカウントを作ります。

3

Twitterアプリを開くと、検索用の四角い部分（検索ボックス）が出てくるので、そこに知りたい単語を入力して、検索ボタンを押します。

検索ワードの例

お出かけ情報が知りたい場合は、さまざまな単語で検索してみましょう。

- 行きたい場所の名前
  ○○公園、○○商店街など
- 住んでいる地区
  「○○町　お出かけ」「○○市　散歩」など
- 住んでいる場所と、
  季節のワードや気になるもの
  「○○県　紅葉」「○○県　イチョウ」
  「○○市　桜」「○○町　カフェ」
  「○○商店街　おいしいもの」など

麻雀で認知症を予防

麻雀は頭と指先を使う「頭脳のスポーツ」。チームプレイなので、仲間とのコミュニケーションも必要となるため、脳のさまざまな部位が刺激されます。ある調査によると、麻雀をする人としない人を比べたところ、麻雀をする人のほうが脳年齢が3歳若かったそうです。麻雀の認知症予防効果が注目され、お金を賭けない「健康麻雀」の教室やイベントも増えています。

【「健康麻雀」の認知症予防効果】

Point 1　相手の出方を読み、裏をかく

作戦を練って、次の動きを考えるという行為が、前頭葉の萎縮を防ぎます。

Point 2　指を使う

指先には脳につながる神経がたくさん集まっています。指を使うことで脳が活性化します。

Point 3　仲間とおしゃべりをする

麻雀は4人でプレイするのが原則。4人集まれば自然と会話が生まれるので、脳の刺激になります。

Point 4　勝つ喜び、負ける悔しさを味わう

勝ってうれしい気持ちを味わったり、負けて悔しがったりすることで、気持ちが若返ります。

05　シニアライフ充実のカギ！「健康の知恵」実用編

入浴は朝がおすすめ

寝る前にゆっくりお湯につかって体を温めるとぐっすり眠れると言われていますが、シニアの場合、夜間よりも気温が高く、周囲が明るい朝の入浴をおすすめします。ただ、起きた直後は体温が下がっているので、熱いお風呂に入ると血圧が急に上がってしまいます。朝食を摂った後、少しぬるめのお湯に入るのがベストです。

朝風呂の注意点

Point 1　お湯はぬるめに

熱いお湯で急に血流がよくなると、血圧が上がってしまいます。

Point 2　起きてすぐ入らない

起床直後は体温が下がっています。軽く体を動かしてから入りましょう。

Point 3　脱衣所を温めておく

お風呂のふたを開けて、ドアも開けて、脱衣所を温めておきましょう。

“推し活”で元気になる

アイドルのファンになって、いわゆる「推し活」でワクワクした気持ちになると、脳からドーパミンが分泌されて、やる気や幸福感が生まれます。ドーパミンは、神経伝達物質と呼ばれるもので、脳内情報の運搬役のような役割を果たしています。ドーパミンを増やすことは、快感ややる気を出すだけでなく、認知症の予防にも役立つと言われています。

【ドーパミンを増やす行動】

Point 1 好きな音楽を聴く

好きな音楽を聴いて気持ちが高揚しているとき、脳内ではドーパミンが分泌されています。リズムに合わせて体を軽く動かすとより効果的です。

Point 2 有酸素運動をする

ドーパミンは、体を動かさなければ分泌されません。有酸素運動をするとドーパミンの分泌が盛んになります。

Point 3 良質なタンパク質を摂る

タンパク質に含まれるアミノ酸・チロシンがドーパミンの分泌を促します。チロシンは大豆などのタンパク質に含まれています。

07　シニアライフ充実のカギ！「健康の知恵」実用編

苦手な人に近づかない

ストレスは心と体に悪い影響を与える「万病のもと」。片頭痛、高血圧、心臓病、腰痛、胃痛、うつ病、不安障害など、さまざまな病気を引き起こすとされています。いつまでも若々しく、元気に生活するためには、できる限りストレスを減らす工夫が必要です。ストレス要因はいろいろありますが、人間関係によるストレスは最も厄介なもの。「苦手だなと思った人には、近づかない」がストレスを避けるための鉄則です。誰にでもよい顔をするのはやめにしましょう。

【ストレスが原因とされる心身の不調】

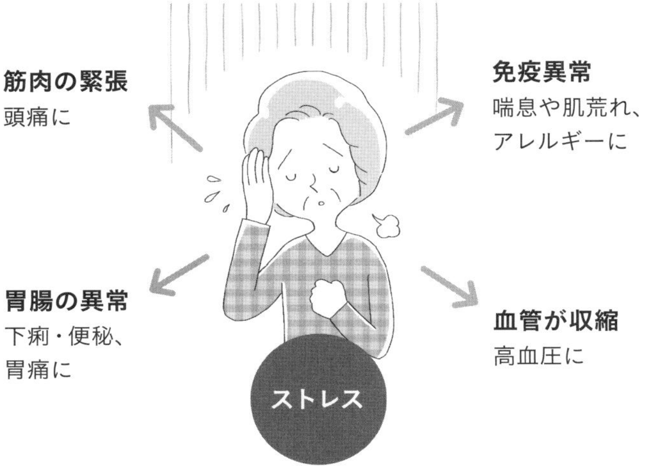

安眠のためにストレッチをする

寝る前のストレッチは睡眠の質を高めます。ほんの数分でよいので、寝床で体を動かしてみましょう。ストレッチには、大きく分けて、以下、2つの効果があります。

Point 1

深呼吸をして副交感神経を優位にする

自律神経には、交感神経と副交感神経の2種類があります。副交感神経が優位に働く状態になると、緊張した筋肉がゆるんで、ぐっすり眠れます。

Point 2

深部体温を上げる

内臓のある深い部分の体温＝深部体温を上げて、その後一気に下げることでぐっすり寝ることができます。はじめに深部体温を上げるストレッチを行い、その後に下げるストレッチを行いましょう。

夜、寝る1時間ぐらい前には必ず体を動かすようにしています。かかと落とし（かかとの上げ下げ）や、前かがみ、体をねじったり回したりして、時間にして5～6分程度の自己流の体操ですが、おかげで毎日ぐっすり眠れます。

【寝る前のおすすめストレッチ】

安眠するためにおすすめの、寝る前のストレッチ法をご紹介します。全部で5つのポイントがありますが、できる範囲で無理せずに行いましょう。

両手を頭の後ろで組み、頭を下げて首の後ろの筋肉を伸ばした姿勢を10秒間キープ

Point 1 首の後ろを伸ばす

首にはたくさんの血管が集まっています。首の後ろを伸ばすと全身の血行がよくなって深部体温が上がります。

Point 2 腕を回す

腕を回すと、肩甲骨周りが刺激され、深部体温が上がっていきます。

ひじを曲げた状態で腕を上げ、10回を目安に後ろ回しに腕を回す

Point 3 股関節を伸ばす

股関節の周りには血管やリンパ管が集まっています。この部分をほぐすことで全身の血行がよくなります。

あおむけに寝てひざを曲げ、足の裏を合わせた姿勢を10秒間キープ

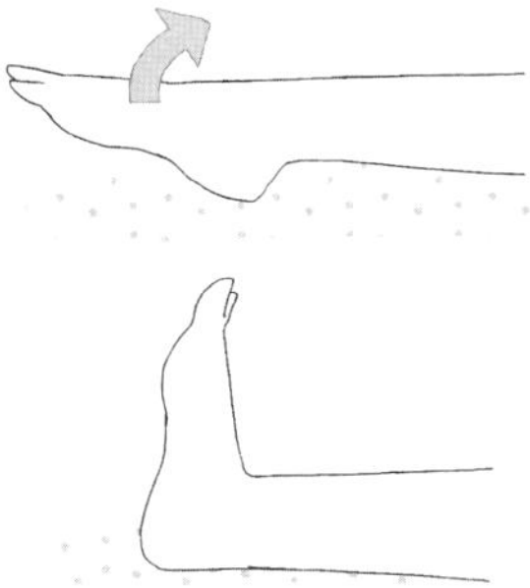

Point 4 足首を伸ばす

足首を曲げたり伸ばしたりを繰り返すことで深部体温が下がりやすくなります。

つま先を伸ばしたり、上を向けたりを10回繰り返す

あおむけに寝て体全体の力を抜き、鼻から深く息を吸い、口からゆっくり息を吐く。10回繰り返す

Point 5 寝ながら深呼吸する

深い呼吸を繰り返すことで副交感神経が優位になり、リラックスできます。

健康のために米ぬかを摂取する

ぬか漬け作りなどに使う米ぬかは、実は栄養の宝庫。食物繊維、ビタミンB_1・B_2・B_6とビタミンE、アミノ酸、鉄、セラミド、カルシウム、マグネシウム、ミネラルなどが豊富に含まれています。米ぬかを食用にすることで、各種の栄養が摂れるだけでなく、整腸、美肌、血液サラサラ効果もあります。

米ぬかは、そのまま食べると消化されにくいので、フライパンで軽く煎って、「煎りぬか」にしてから食べるとよいでしょう。一回に食べる量は大さじ１杯程度が目安です。「煎りぬか」の詳しい作り方は、178ページで紹介しています。

「煎りぬか」の食べ方

- ヨーグルトに入れる
- ごはんにかける
- コーヒーやココアに入れる
- 煮物などに入れる　など

第4章

年を重ねた人こそ小ぎれいに　おしゃれの知恵

シンプルなトップスに
カラフルなスカーフでアクセント

外出するときは必ずお化粧をしています。今はマスクをしているので、サッと眉を描いて、アイラインを引き、粉おしろいをパタパタとはたくくらいですけどね。お化粧は、人と会うときのマナーだと考えています。90歳のおばあちゃんの素顔をさらすのはいかがなものかと思うので、毎日、きちんとメイクしています。

スキンケアは、いろいろ使ってきましたが、今はほとんどが無印良品のものを使うようになりました。品質もいいし、それなのに安いことが魅力です（笑）。

朝は、洗顔の後にオールインワンジェル。その後は、必ず日焼け止めをつけて、その後にお化粧です。念入りにケアをしたいときは、シートマスクをしてテレビを見ながら15分パック。

セブン-イレブンにある「雪《せっ》肌《き》粋《すい》」のシートマスクが、１枚３００円台で優れものです。

私の白髪については、１冊目の本にも詳しく書いたけれど、染めているわけではないの。娘がアメリカから取り寄せてくれるシャンプーとコンディショナーを使っています。毎日お風呂で髪を洗うだけで、きれいなラベンダー色に仕上がります。

本を読んだ方から、「どうしたら買えますか？」と聞かれることがありますが、娘に頼んでいるので私はわからないんです。日本でも気軽に買えると便利なんですけどね。

髪には特に、市販のヘアケア用品は使っていません。お風呂上がりにオリーブオイルを２、３滴ほど手のひらに垂らして髪に塗り、ドライヤーするだけで、髪のパサつきを抑え、ツヤが出るんですよ。

オリーブオイルは料理用のもので十分。海外では赤ちゃんの肌のケアにもオリーブオイルを使うと聞いて、髪にもいいと思ってやっています。

ファッションについては、あまり柄物は着ませんね。持っている小物でアレンジするのが楽しいので、ユニクロや無印良品のできるだけシンプルなものを選ぶようにしています。

シンプルなトップスに、美しい色・柄のスカーフやストールを巻いてアクセントをつけたり、アクセサリーをワンポイントでつけたり。

スカーフやストールは、全部で30枚くらいはあるでしょうか。そのときどきの気分で選んでいます。

上の写真：右から3本は無印良品のスキンケア。左下のレチノールクリームは娘からもらったもの。最近愛用中です。
下の写真：髪がラベンダー色になるシャンプーとトリートメント。娘が取り寄せてくれています。

若々しく見える眉ラインの描き方

眉は顔の中で一番目立つパーツです。きちんと描くことで、顔全体が若々しくなります。メイクにも流行があるので、昔の描き方では顔が古臭い印象に。極端なアーチや濃すぎる色はNGです。ペンシルを使って、自分の眉を生かした形に仕上げましょう。眉毛が薄くなっている人は、パウダータイプのものを使って眉を描き足すとよいでしょう。

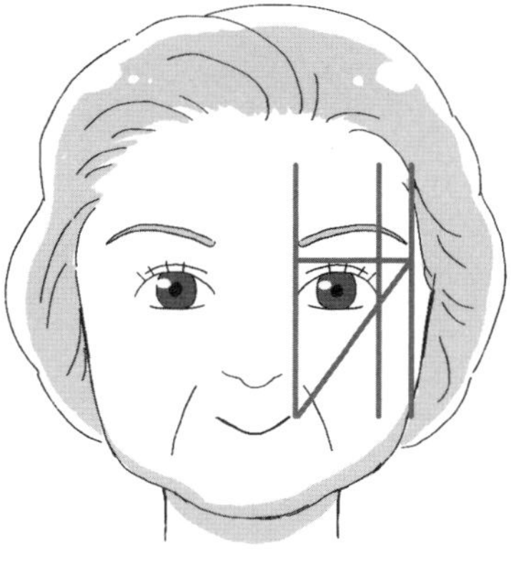

眉頭は目頭と同じ位置、眉の終わりは、口角と目尻を結んだ線の延長線上に。長すぎる部分は眉ばさみでカットしましょう。

02 年を重ねた人こそ小ぎれいに「おしゃれの知恵」実用編

目元が美しくなるアイメイクのコツ

目元にシワがあったり、肌がたるんでいたりすると、アイメイクをするのをためらってしまいがちですが、明るく見えるカラーを選べば、顔全体が若々しく見えます。濃い色は肌がくすんでしまうので、薄めの明るいカラーを選んで。最後に、アイラインを忘れずに。アイラインを入れることで顔がきゅっと引き締まります。

【アイメイクのポイント】

1 パステルカラーを選ぶ
2 ツヤの出るクリームタイプのものもOK
3 アイメイクをする前に保湿をしっかり
4 くすみはコンシーラーで消す

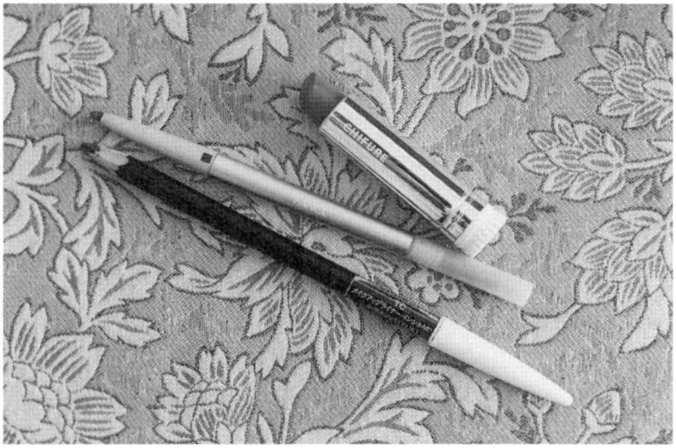

顔のくすみを隠すカラーメイク

健康的な顔色に見えるように、ファンデーションを塗る前に、ベースメイクをしっかりと。元々の肌の色による違いはありますが、シニア世代はオレンジ色のベースがしっくりきます。血色がよく見えて、本来の肌より明るい印象になります。ファンデーションを塗った後は、同じくオレンジ色のチークを入れましょう。

【 カラーメイクのポイント 】

1 ナチュラルメイクが基本。
濃いめのカラーより、自然な色を

2 ファンデーションの前に下地をつける

3 クマやくすみ、シミはコンシーラーで消す

4 明るい場所でメイクをする

04 年を重ねた人こそ小ぎれいに「おしゃれの知恵」実用編

白髪を生かしたヘアスタイル

最近は、無理に染めず、そのままの色を生かした「グレーヘア」が流行っています。といっても、まったく何もケアしないままでは、清潔感がなくなってしまいます。髪を染める場合は、白髪をぼかすような色合いを選ぶといいでしょう。髪を染めない場合でも、トリートメントをしっかりして、ツヤのある健康的な髪になるように心がけて。

【白髪のタイプ別おすすめカラー】

- 真っ白な白髪→青みがかったグレー
- やや色が残った白髪→ラベンダー色
- 黄色がかった白髪→ベージュや明るいブラウン
- 白髪がそれほど多くない→ライトブラウン

私の髪はそのままだと真っ白にはならないんです。黄色っぽい白髪になってしまい、きれいでないので、ラベンダー色を入れています。

華やかさがプラスされる
スカーフやストールの巻き方

普段の服装にスカーフやストールをプラスするだけで、華やかに。お金をかけなくても、普段着のままでも、スカーフ一枚でおしゃれはできるのです。高価なものを買わなくても、大丈夫。1000円台でも、気に入った色のものを巻いてみましょう。

【 スカーフ選びのコツ 】

Point 1 明るい色のものを選ぶ

無地で明るい色のスカーフやストールを複数用意しておくと、トップスの色が地味だったり、柄があったりする場合、合わせやすく華やかに。

Point 2 派手な柄のものを選ぶ

シニアになるとどうしても無難な無地のトップスを選びがちですが、柄物のスカーフやストールが複数あれば、着こなしが広がります。

Point 3 いろいろな素材のものを選ぶ

夏は麻や綿、冬はシルクやウールなど、季節や洋服に合わせて、さまざまな素材のスカーフやストールを持っていると便利です。

【四角いスカーフの巻き方】

四角いスカーフの巻き方には、さまざまな方法がありますが、ここでは柄がよく見える方法をご紹介します。

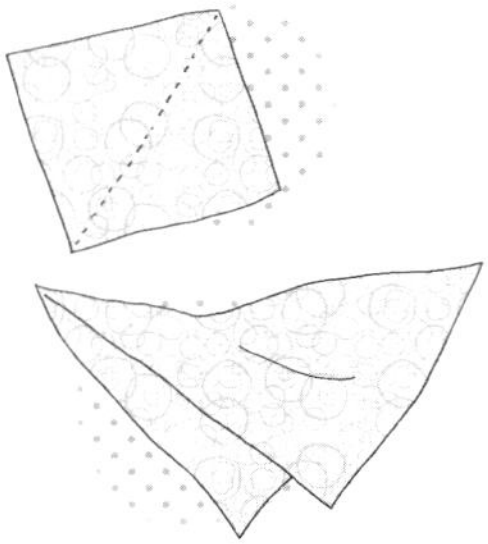

1

スカーフは対角線で半分に折ります。

2

スカーフの三角の部分が前になるように首にかけ、両端を首の後ろで交差させ、前に回します。

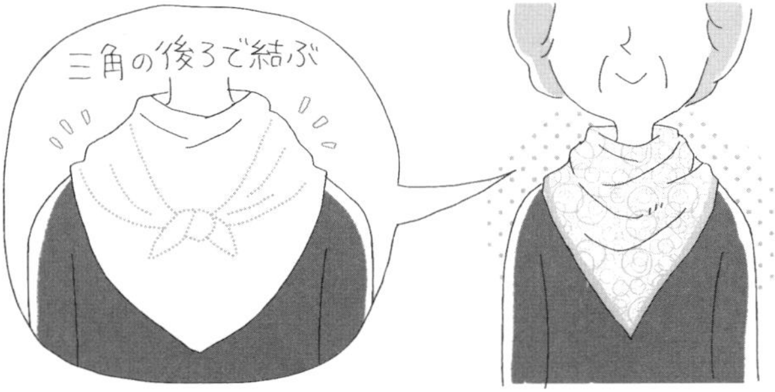

3

スカーフの両端を三角の部分の後ろで小さく固結びします。
三角の部分の上で結んで、結び目を見せても可。

【 細長いストールの巻き方 】

結び目を背中側に隠す巻き方をご紹介します。難しい場合は、首にぐるぐるに巻きつけて、前で結ぶだけでもOKです。

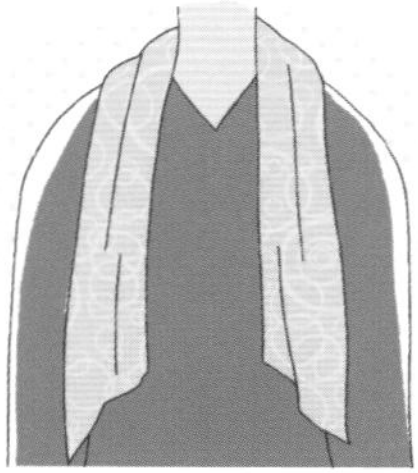

1

ストールは好みの幅になるようにたたみ、首から垂らします。

2

ストールの両端を持って軽くねじります。

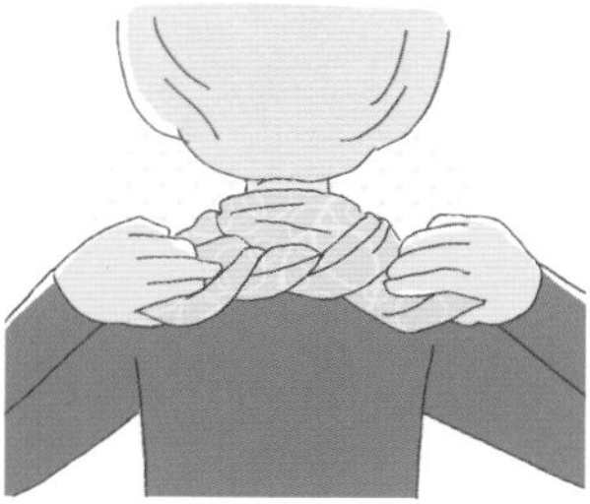

3

両端を首の後ろに回して、後ろで固結びします。

4

首の後ろの結び目をストールの下に隠します。

靴選びの基準はたくさん歩けること

たくさん歩くために、足が痛くならない靴を選びましょう。サイズだけでなく、横幅や土踏まずの高さもチェックしましょう。試し履きをするときはかかとの上げ下げをして、靴が脱げやすくないかも確認します。足が靴の中で浮いてしまうと、疲れや転倒の原因になります。

【靴のチェックポイント】

- □ 足を浮かせても脱げない
- □ 靴の中で指を曲げられる
- □ 着脱しやすい
- □ 靴底にある程度の硬さがある
- □ すべりにくい

1日8000歩は歩くように心がけているので、散歩用の靴はすぐにダメになります。靴底がすり減ったらすべりやすいので、みなさんもすぐに買い替えて。

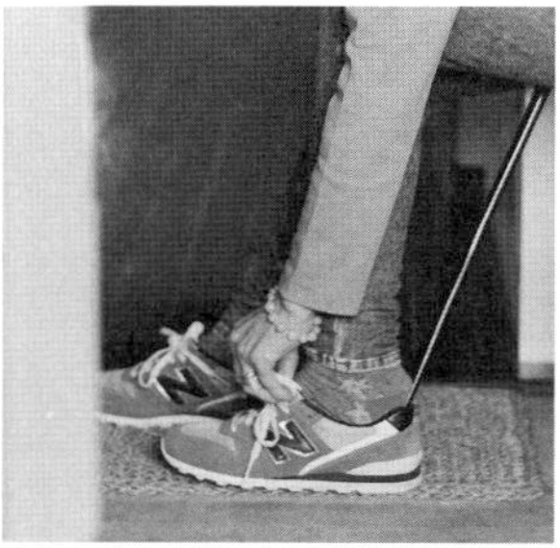

07 年を重ねた人こそ小ぎれいに「おしゃれの知恵」実用編

ウォーキング時の服装

　ウォーキングをするときのファッションは、見た目と機能性の両方をバランスよく。秋冬は、セーターの下に汗を吸い取るコットン素材のシャツを。暑くなったら脱げるように、カーディガンやウィンドブレーカーなどを羽織るとよいでしょう。

【ファッションのポイント】

1　汗を吸い取るインナーシャツを着る
2　軽めのウィンドブレーカーなどを羽織る
3　UVカット加工のストールなどで首元を保護する
4　バッグは両手を空けられるショルダーバッグかリュックで、軽くて小さいものがベスト

若々しい後ろ姿のつくり方

きれいに歩く方法は、後ろ姿を意識すること。一本の直線の上を歩くように意識して、まっすぐ歩きます。その際に後ろから自分の姿を見るような意識を持つとよいでしょう。背すじをピンと伸ばして、ひざを曲げずに歩くことで、見た目が若々しくなるだけでなく、たくさん歩いても疲れないようになります。

背中を丸めず、背すじを伸ばすことが、若々しく見えるためのポイントです。私は、後ろ姿には自信があるんですよ（笑）。

正しいケアでバッグを長持ちさせる

ウォーキングやお出かけに持っていくバッグは、正しいお手入れを心がけて。手入れ次第で、バッグの寿命がぐんと長くなります。皮のバッグは、買ってすぐの状態ではにおいがすることがあるので、風通しのよい場所で陰干しします。汚れが目立ってきたら、固く絞った布で表面の汚れを拭き取り、専用のクリーナーでツヤ出しをします。布製のバッグは手で押し洗いし、干すときは型崩れしないように気をつけましょう。

【 お手入れポイント 】

布

型崩れしやすいものは手洗い。丈夫なものはネットに入れて洗濯機でも。

合成皮革

濡れても問題ありませんが、色移りには注意しましょう。

本革

「濡らさない」「陰干し」が基本。濡れてしまったらすぐに乾かして。

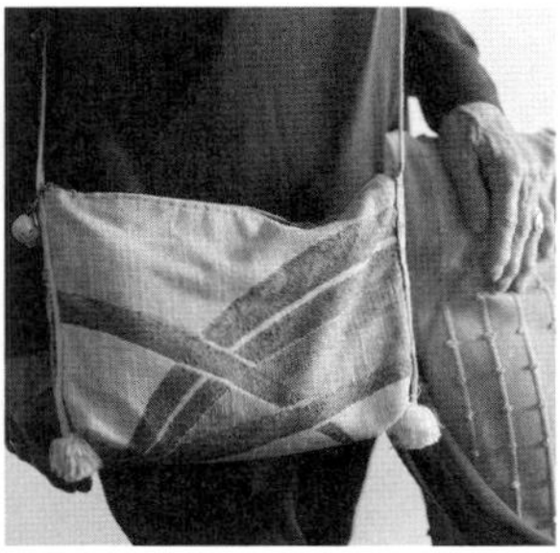

バッグもよく手作りします。これは着物をリメイクしたもので、ストラップ部分は帯締め。ちょっとした買い物の際に大活躍しています。

第5章

無理なく、日々を心地よく
掃除・洗濯の知恵

こまめにきれいにすれば、大掃除の手間が少ない

お掃除は、こまめにやるようにしています。掃除機をかけるのは週に２〜３回。床のフローリングは、ウェットシートを付けたフロアワイパーで毎日拭き掃除しています。ベタつきもしっかり落ちる上、床にかがんでぞうきんで拭かなくていいから、足腰が疲れなくてすごくラクですよ。

ちょっとした汚れはキッチンペーパーでその場でサッと拭き取っちゃう。手の届かないところの壁や天井の汚れは、フロアワイパーをドライシートに付け替えて拭いています。ほかには、古くなった綿のＴシャツを適当に切ってぞうきん代わりに取っておいています。濡らして拭いたら、そのまま使い捨て。ぞうきんも買わなくて済むので一石二鳥です。

家具にホコリがたまっていたら乾《から》拭きして落としておいたり、

引き戸のすべりが悪いなと感じたら市販の家庭用潤滑オイルを吹きかけておいたり。お掃除しながら気になるところは、ちょこちょこケアしています。

気づいたその場でやっておけば、大掃除で大変な思いをすることもありませんから。大がかりな掃除って苦手なんです。だから、いつも手を動かしています。

以前はお部屋のにおい消しとして、お香を焚《た》いたりしたこともありました。でも、今は、そんな必要はないんですよ。毎日、キッチンや浴室は排水溝まで、台所用漂白剤を使ってピカピカに磨き上げているので、全然におわないんです。

心がけていることは、「使わないものはしまう」こと。Ｎｅｔｆｌｉｘを見るためのリモコンも、見終わった後はすぐに戸棚の中にしまっています。エアコンの暖房の風が好きではなくて、冬はエアコンのリモコンも戸棚の中にしまっちゃう。

とにかくものを出しっぱなしにしないこと。テーブルの上をきれいにしておけば、お掃除するのもラクですしね。フロアワイパーでサーッとひと拭きできれいになります。床にものを置かないようにしています。掃除機をかけるのも簡単です。以前は、畳の部屋でホットカーペットを使っていたこともあったのですが、掃除が面倒なので、今は使っていません。

キッチン掃除のコツ

キッチンがきれいに片付いていると、お料理も楽しくなります。キッチンを使うついでに掃除をすれば、改めて時間をつくらなくても、清潔なキッチンがキープできます。コツをつかめば、ほんの数分の手間で生活が快適になります。

Point 1　換気をする

キッチン掃除をするときは、換気を忘れずに。換気扇を回し、できれば窓も開けましょう。

Point 2　汚れたらすぐに掃除する

油汚れは、時間が経てば経つほど、落とすのが大変になります。料理をした後、すぐに掃除しましょう。調理で使った道具も、使用したら即洗うのが鉄則です。

Point 3　余計なものを置かない

キッチン周りにものがあふれていると、それだけ掃除も大変になります。毎日使うもの以外は、出しっぱなしにせず、片付けるようにしましょう。

うちのキッチンはわりとものが多いです(笑)。キッチン周りのお掃除は、「キッチンハイター」が何にでも使えて便利です！

Case 1

コンロ周りには重曹を

五徳が汚れたら、重曹スプレーを吹きかけて掃除します。汚れがひどい場合は、水1リットルに重曹をひとさじ入れた「重曹水」につけ置きすると、汚れが浮いてきます。

Case 2

壁の油汚れ

揚げ物をした後は、すぐに布きんで油を落とします。油汚れは時間が経つほど落ちにくくなるので、その場でさっとひと拭きする習慣を。水拭きで落ちない汚れは重曹スプレーを使って。

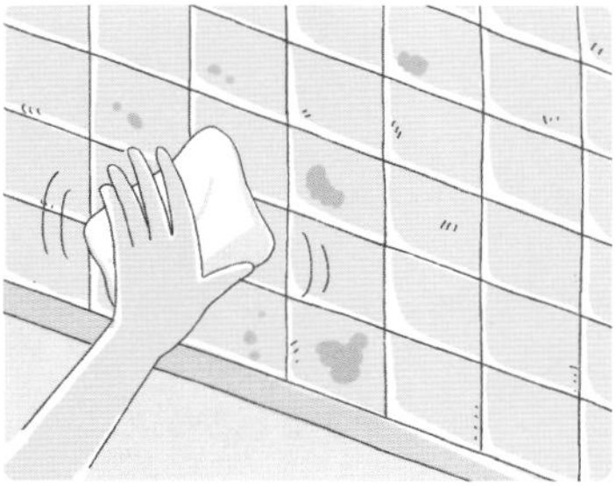

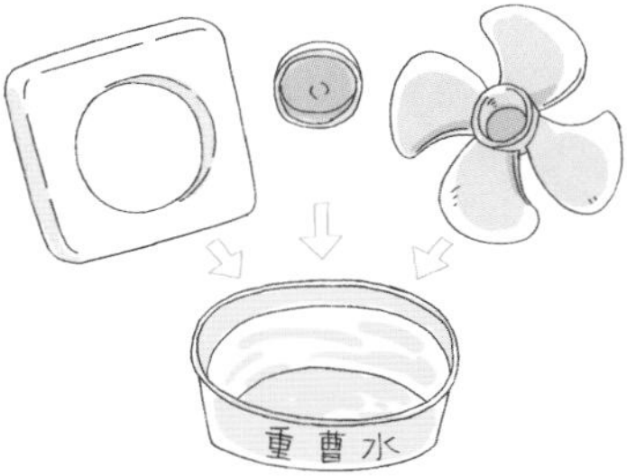

Case 3

換気扇

取り外しができるものはすべて外して、まるごと重曹水にひたしておきます。しばらく置いたら、スポンジで汚れを落としましょう。冬場はお湯を使うと汚れが落ちやすくなります。

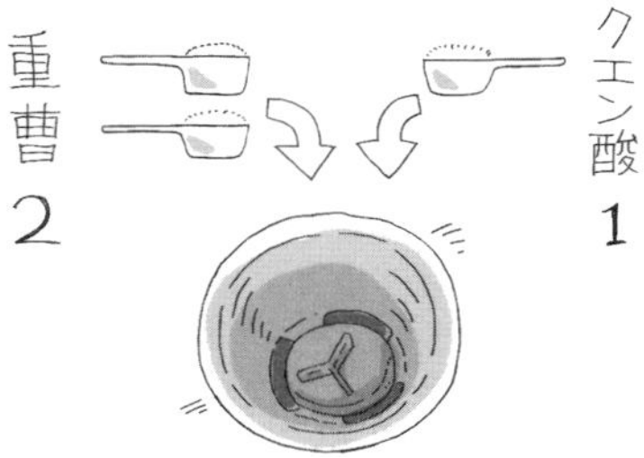

Case 4

排水口

ぬめりやにおいの付きやすい排水口は、できれば触りたくないと思ってしまうもの。重曹とクエン酸を２：１の割合で排水口にかけて、汚れる前に洗うのがコツです。

Case 5

シンク

水垢が付かないように、寝る前にクエン酸スプレーをかけて放置します。キッチンペーパーを敷き詰めてからスプレーをするとさらに効果的です。

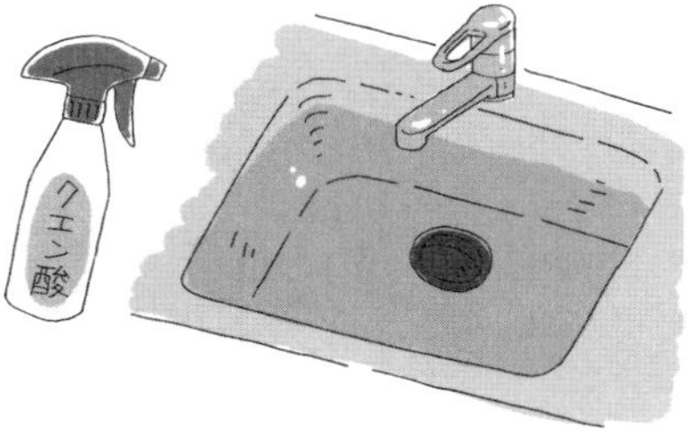

Case 6

魚焼きグリル

使い終わったらすぐに、グリルを外してぬるま湯をざっとかけておきましょう。焦げ付きがある場合は、重曹スプレーやセスキ炭酸スプレーをしてから洗い流します。

Case 7

蛇口

蛇口がピカピカだと、キッチン全体が清潔に見えてきます。水垢が気になったら、クエン酸スプレーをしてからぞうきんなどで磨きます。お酢で代用も可能です。

Case 8

ステンレス鍋の内側

たっぷりの水に重曹をひとさじ入れて、火にかけます。沸騰させてから10分ほどそのままにして、火が消えたら自然に冷めるまで放置します。時間が経つと焦げ付きが浮き出てきます。

Case 9

鍋の外側

重曹に水を少し加えてペースト状にしたもので磨き上げます。アルミ鍋、銅鍋は変色してしまうので重曹は使いません。重曹の代わりに、小麦粉をペースト状にして使います。小麦粉はどの素材の鍋にも使えます。

Case 10

使い捨て生ゴミ入れ

汚れが付きやすい三角コーナー。掃除が面倒なら、使い捨てタイプの生ごみ入れを利用するのも一つの手です。

Case 11

三角コーナー

汚れが付く前に、毎日洗うのが鉄則。掃除する時間がないときは、ごみを捨てた後にさっとお湯を流すだけでも違います。ぬめりやカビが付いたら、大きめのポリ袋にお湯と洗剤を入れて、その中に三角コーナーを入れて、口を結んで振るようにします。

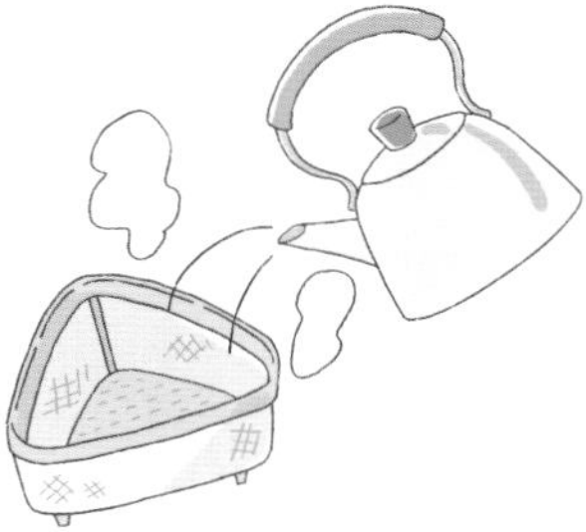

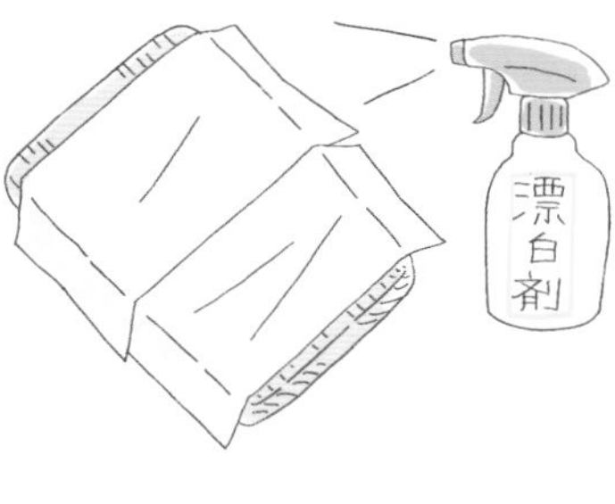

Case 12

まな板

濡らしたキッチンペーパーを敷き詰めて、漂白剤をスプレーします。木製のまな板は漂白剤は使えません。毎晩、使い終わった後に熱湯をかけて消毒すると、持ちがよくなります。

QUAKER

お風呂掃除のコツ

毎日のお風呂タイムを快適に過ごすために、清潔さをキープしておきましょう。換気を心がけて、細かい汚れは入浴前後にさっと掃除してしまいましょう。

Point 1

浴室の温度を下げる

お風呂から出るときに、壁に向かってシャワーで冷水をかけます。温度が下がり、カビ予防になります。

Point 2

バスタブにふたをする

使用後にお湯を残しておく場合、バスタブにしっかりふたをして。浴室に湯気が充満してしまうと、カビ発生の原因になります。

Point 3

換気をする

窓があれば、できるだけ開けておきましょう。窓がない場合は、換気扇を長めに回します。

Point 4

「ついで掃除」をする

お風呂に入りながら、気になった場所をパッと掃除。日頃からきれいにしておけば、面倒がありません。

Case 1

浴槽

浴槽の汚れの種類によって、洗剤を使い分けます。水垢や石けんカスはアルカリ性なので、酸性の洗剤やクエン酸スプレーを使います。皮脂汚れは酸性なので、アルカリ性の重曹を使います。

Case 2

カビ

カビは掃除するのが大変なので、「カビの生えない浴室」を目指しましょう。入浴後は換気扇を長めに回し、窓があれば風を通します。入浴後に冷水を壁にシャワーして温度を下げるのも効果的です。

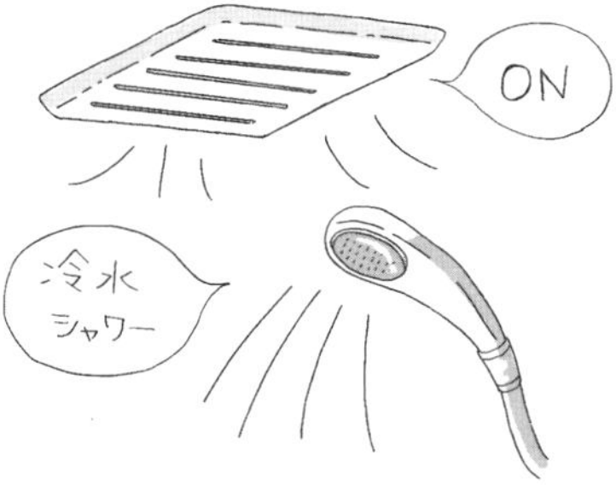

Case 3

排水溝

入浴するたびに排水口の髪の毛を取り除き、汚れを落とす習慣をつけましょう。触らなくてもシャワーの水圧でかなりの汚れが落ちます。こまめに掃除すれば、ぬめりが出ることもありません。

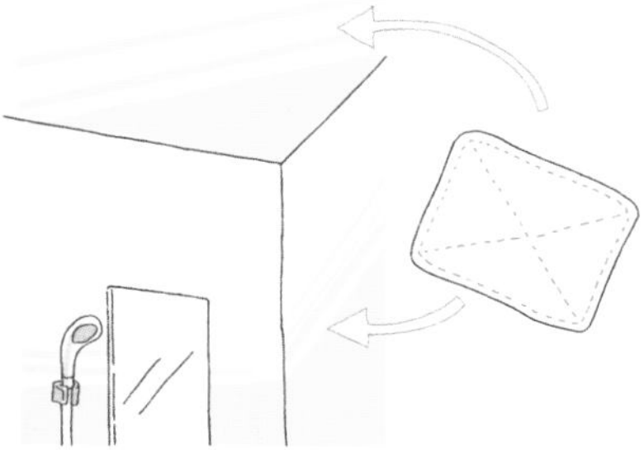

Case 4

壁・天井

お風呂に入った後、乾いたぞうきんで壁と天井をひと拭きしましょう。水滴が残っていると、カビが生える原因になります。使い終わったぞうきんを外に干すことも忘れずに。なお、高いところの拭き掃除には、フロアワイパーがおすすめです。

Case 5

洗面器や椅子

お風呂の残り湯を使ってつけおき洗いをすると簡単です。お湯に重曹をカップ1杯ほど入れて溶かした後、洗面器や椅子を入れて、数時間放置します。

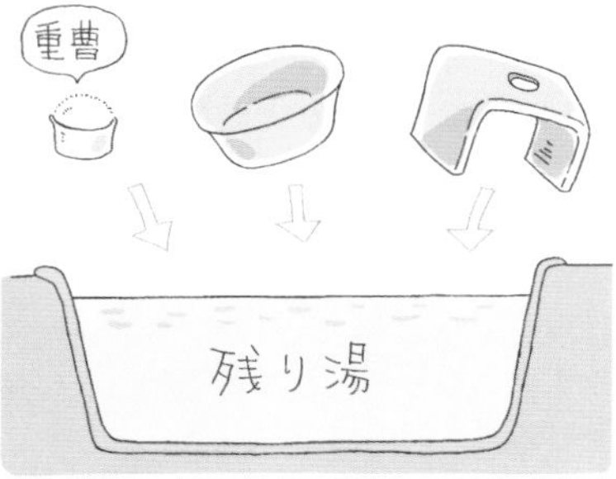

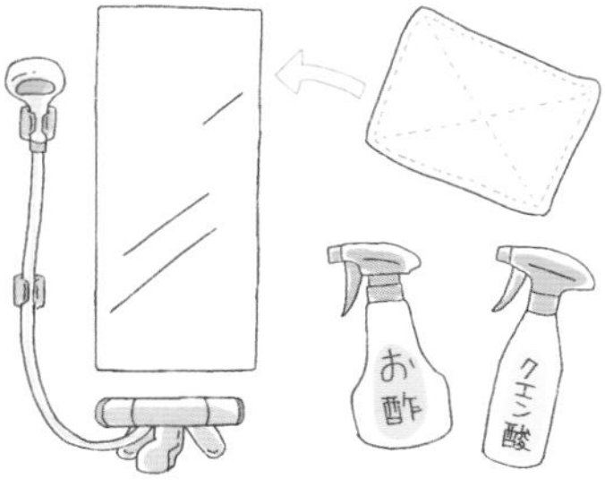

Case 6

浴室の鏡

お風呂から出るときにぞうきんで水滴を拭き取る習慣をつけると、汚れにくくなります。ウロコ状の水垢がついてしまったら、クエン酸やお酢をスプレーで吹きかけてから磨き上げましょう。

03　無理なく、日々を心地よく「掃除・洗濯の知恵」実用編

トイレ掃除のコツ

トイレ掃除はなるべく手間をかけなくてすむように、こまめに行いましょう。掃除道具を工夫すれば、ラクに掃除ができます。突然の来客があっても慌てないくらいの清潔さをキープしておきましょう。

Point 1　トイレに余計なものを置かない

ものを出しておくと汚れやホコリがたまり、掃除が大変になります。予備のトイレットペーパーや掃除道具なども、できるだけ収納しましょう。

Point 2　掃除の順番は便器から

はじめに便器をきれいにして、その後に床や壁を掃除します。この順番で掃除をすると雑菌が広がりません。

Point 3　汚れる前に掃除をする

汚れが目立つようになってから掃除をするのは気が滅入るもの。使用後に汚れが付く前に、1日1回使い捨てシートできれいにする習慣を。

便座や便器の外側、床などは、毎朝、使い捨てシートでお掃除するのが日課です。

Case 1

便器の中

便器の水面近くにできる「汚れリング」。カビと水垢が混ざったもので、放置すればするほど汚れが広がります。粘度の高いアルカリ洗剤を使えばブラシでこする必要はありません。

Case 2

便器のフチ裏

便器のフチ裏は掃除用のブラシが届きにくいことから、尿石や黄バミ、黒ズミがこびり付きがちです。専用のサンドペーパーが売っていますが、便器にキズを付けやすいので、まずは酸性の洗剤、尿石除去剤などを試してみましょう。

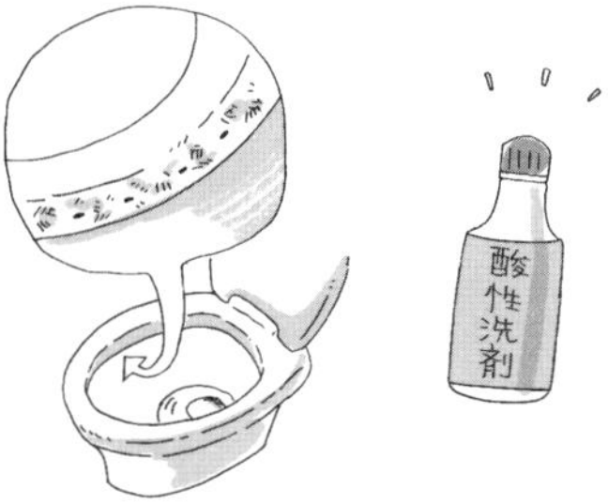

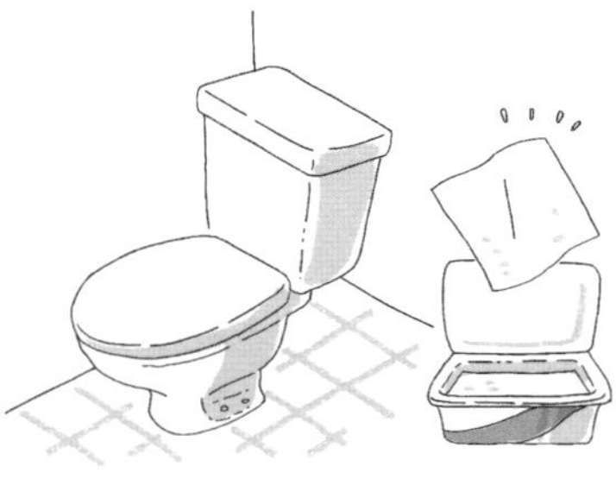

Case 3

便器の外側

目に見えなくても、便器の外側には汚れがたくさん付いています。トイレ用の流せる掃除シートなどを使って、さっとひと拭きしましょう。シートをすぐ手に取れる場所に収納して、マメに掃除を。

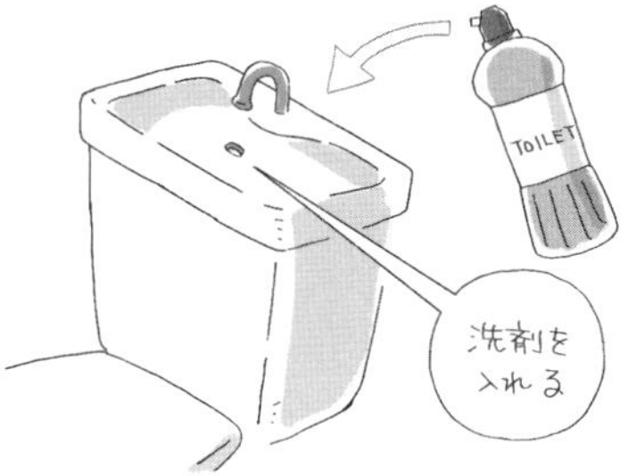

Case 4

タンク

トイレのタンクは、日常的に掃除をする必要はありませんが、内部はかなり汚れています。タンクの穴があればそこからトイレ用洗剤を入れて一晩放置しましょう。

Case 5

金属部分

レバーや蛇口、ドアノブなど、金属の部分はメラミンスポンジで磨くとピカピカに。ただし、メラミンスポンジは、プラスチック素材やコーティングされた陶器、くもり止め加工された鏡などには使えないので注意しましょう。

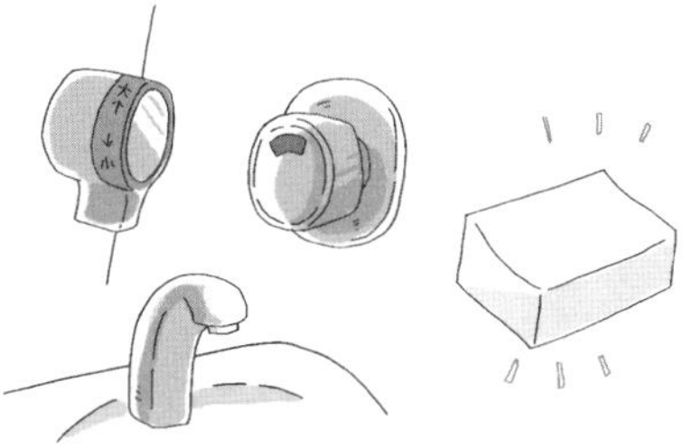

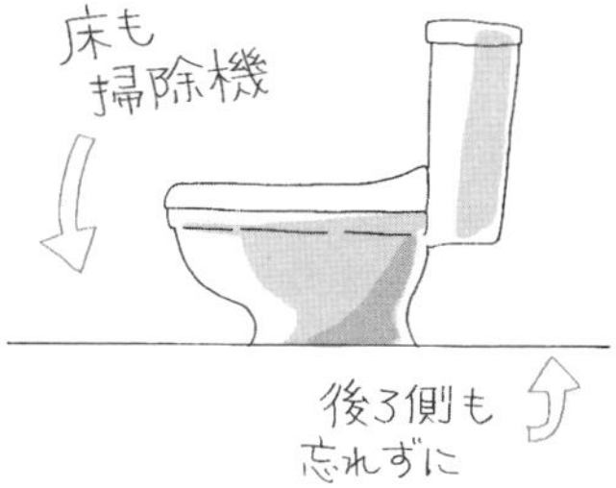

Case 6

床

トイレの床や便器の後ろ側は、意外にホコリがたまりやすい場所です。見た目はきれいでも、尿が飛び散り雑菌が発生している場合があるので、使い捨ての除菌シートなどでしっかり拭き掃除しましょう。

リビング掃除のコツ

一日の中で最も長時間を過ごすリビングは、ホコリがたまりやすく、毎日掃除をしていても汚れが目立ってくることがあります。コツをつかんで細部まできれいにしましょう。

Case 1

窓開け

掃除をする前に、窓を開けて換気をします。窓を2カ所開けたり、換気扇を回すなどして風の通り道を作ることがポイントです。寒さ暑さが厳しくなければ掃除している間ずっと開けておきましょう。

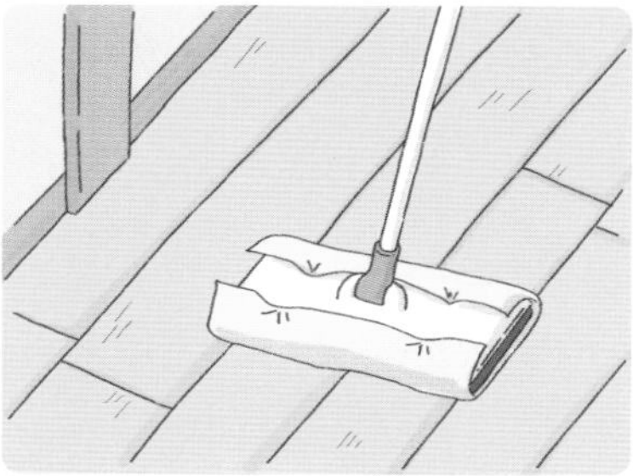

Case 2

床

掃除機をかけなくても、フロアワイパーをさっとかけるだけで十分きれいになります。部屋の四隅やテーブルの下は面倒でもぞうきんがけをしましょう。

Case 3

テレビ

テレビ周りはホコリが付きやすく、また、目立ちやすいのでこまめに掃除をしましょう。洗剤は使わず、乾いた布でさっと拭き掃除をします。テレビの裏側や配線周りもきれいにしましょう。

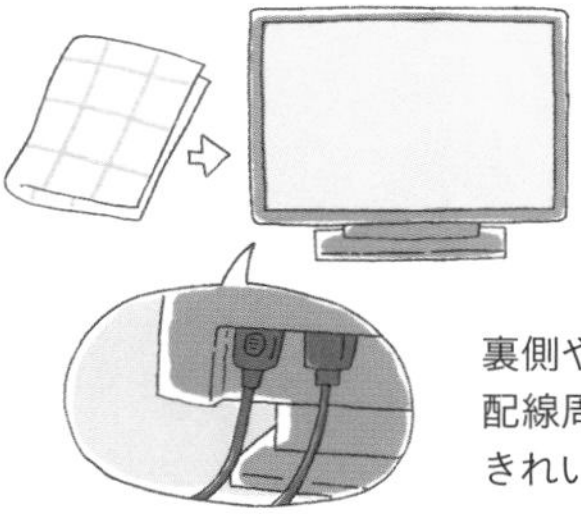

Case 4

ドア

ドアの裏側や床の部分は、意外に汚れやすい場所です。掃除機が届きにくいので、ぞうきんや使い捨てシートで磨き上げるように掃除します。水拭きでも十分ですが、セスキ炭酸ソーダを使ってもよいでしょう。

窓拭きのコツ

ピカピカの窓から差し込む日差しは気持ちがよいものです。きれいにしても、雨風ですぐに汚れてしまうので、週1回くらいのペースで掃除をしましょう。

Case 1

古新聞を使う

汚れはぞうきんでざっと拭いて、その後で乾いた布で磨き上げます。古新聞があれば最後の磨き上げに使いましょう。毛羽立たない、インクの油がちょうどよいツヤ出しになるという利点があります。

最近は新聞をとっていない人も多いでしょう。私は、練馬区から届く区報やフリーペーパーなどを新聞紙の代わりに使っています。

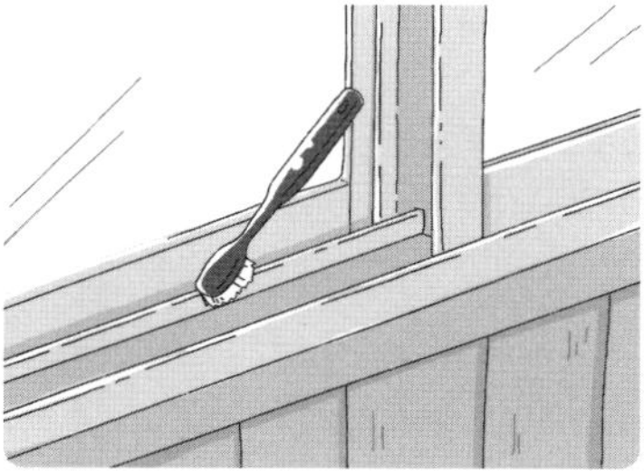

Case 2

サッシは古い歯ブラシで

サッシの汚れは歯ブラシを使ってゴシゴシと磨き上げます。細かい汚れは、つまようじなどを使ってかき出すように。汚れをかき出したら、ぞうきんや古Ｔシャツで水拭きします。

Case 3

窓枠のパッキンはクレンザーで磨く

細かい部分ですが、カビが付きやすく、黒く着色してしまうとなかなか落ちなくなってしまいます。歯ブラシなどを使い、カビ用洗剤やクレンザーなどで磨き上げましょう。

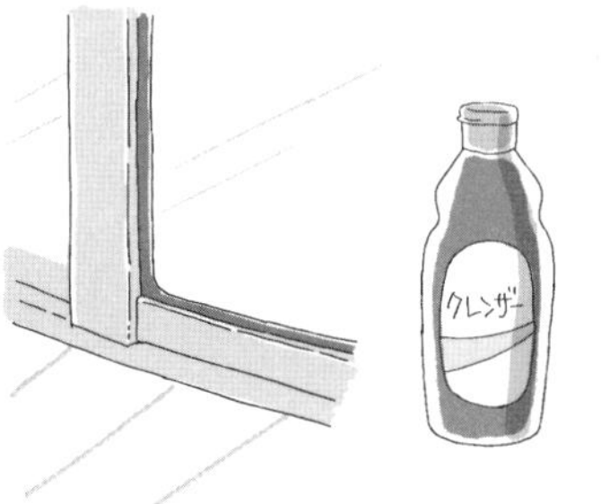

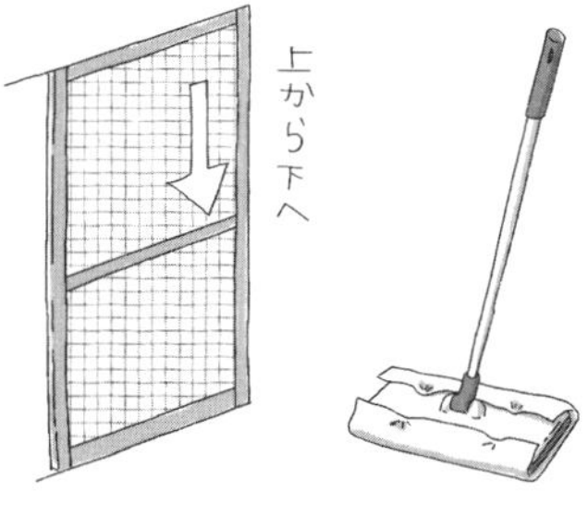

Case 4

網戸はフロアワイパーで

ウェットタイプのフロアワイパーを上から下へと動かして汚れを取ります。外側と内側の両方から掃除するのを忘れずに。

収納のコツ

ものがあふれた家は、ごちゃごちゃして掃除も大変です。不要なものは手放して、できるだけものを少なくしましょう。収納は、普段使うもの、たまにしか使わないものを分けてしまうと、出し入れがラクになります。

Case 1

空きスペースを活用する

収納家具を増やさなくても、空いたスペースを活用すれば、部屋は片付きます。ベッドの下や壁面などを上手に利用しましょう。収納用品を買いに行くときは、空きスペースのサイズを測ってメモして持参して。

Case 2

食器

必要のない食器は思い切って処分しましょう。新しく買うときは、棚の中で収納しやすいかを考えて選びましょう。重ねやすいもの、サイズが揃っているものだと収納スペースがスッキリします。

Case 3

洋服・着物の収納

虫食いを防ぐために、防虫剤は必要な量をしっかりと。有効成分が上から下へ流れていくので、衣類の上に置きます。ただし、直接衣類に触れることのないよう注意して。

Case 4

掃除用具

こまめに掃除が必要な場所は、手を伸ばせば届く場所に置いておきましょう。使い捨てのシートや洗剤類など、小物類は小型のコンテナボックスにまとめて収納すると便利です。

時代が変わる、私も変わる、ラクしてきれいが大切です

昔と今とでは、ずいぶんお掃除の方法も変わりました。

かつては、日本の家といえば畳でしたよね。ホコリが立たないように、畳にお茶ガラや濡れた新聞紙をちぎってまいて掃除をする、ということもありました。

でも、今はほとんどの家がフローリング。だから、新聞紙やお茶ガラをまく必要はないですし、掃除機やフロアワイパーなど、便利なものがあるんだから、遠慮なく使わなくちゃね。私の家には畳の部屋がありますが、普段は掃除機をかけちゃってます（笑）。

この年齢になると、いかにラクにきれいにしておくかが大事。便利な洗剤やアイテムを使いながら、無理なく続けられる掃除の方法を自分なりに試しています。

床掃除のコツ

床にたまったホコリは舞い上がりやすく、喉を痛める原因にもなります。丁寧に掃除をして、快適に過ごせる空間をつくりましょう。

Point 1

朝一番に掃除する

軽いホコリは一度舞い上がるとなかなか落ちてきません。朝掃除をすれば、夜寝ている間に落ちてきたホコリをきれいにすることができます。窓を開ける前に、フロアワイパーをかけましょう。

Point 2

床の材質を見極める

合板材のフローリング、無垢材、畳など、床の材質によって使える洗剤や掃除方法が変わってきます。材質に合った方法で掃除しないと、かえって汚れが付くことがあるので注意しましょう。

Point 3

素足で歩かない

床は皮脂汚れが付きやすい場所です。肌が触れると汚れが付くので、普段から靴下やルームシューズを履くようにしましょう。汚れが付かない暮らし方をすることで、掃除が格段にラクになります。

Case 1

フローリング

面倒でも、ぞうきんがけをするのが一番きれいになります。定期的にワックスがけもして、ピカピカな床をキープしましょう。汚れが付いてしまったら、台所用スポンジで軽くこすってみて。フロアワイパーの使い捨てシートには、ワックスがけ専用のものもあります。

Case 2

カーペット

掃除機をかけた後、隅の部分を少しひっくり返して、内側にたまったホコリも吸い取ります。掃除をしている間は窓を開けて、換気をしっかりするのも忘れずに。

Case 3

畳

畳は固く絞ったぞうきんで畳の目と同じ方向に手を動かすようにして水拭きします。畳掃除のときは重曹を使うのはNGです。畳の内部に残った重曹が後々黒ずみになってしまいます。

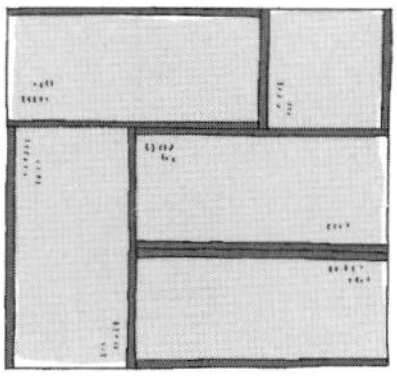

Case 4

無垢材の床

水を使うとシミになってしまうので、基本的に、水拭きはしません。乾いた布でホコリを取りましょう。合板の木の床の場合も、できるだけ水を使うのは避けましょう。

Case 5

合板材の床

固く絞ったぞうきんで水拭きを。ウェットタイプのフロアワイパーをかけるのもよいでしょう。汚れがひどい場合は中性洗剤を使います。

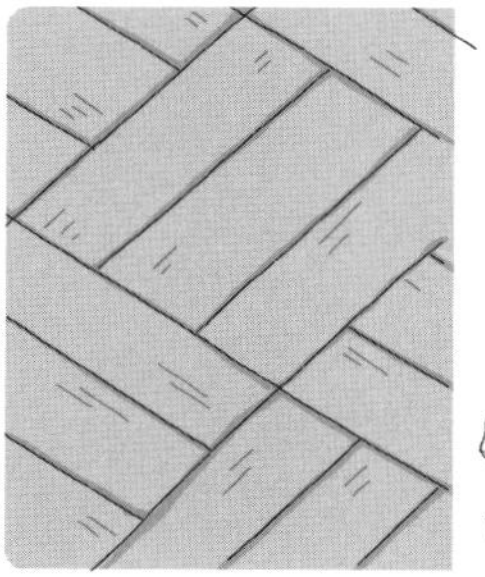

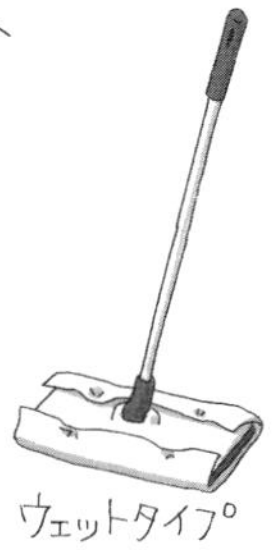

【フロアワイパーを有効活用】

床掃除になくてはならないのがフロアワイパーです。専用の使い捨てのシートには、ドライタイプやウェットタイプ、さらにウェットタイプには洗浄成分が含まれるものなど、たくさんの種類があるので、用途に合ったものを選びましょう。本体を選ぶ際には、持ち手の長さを調節できるタイプにすると、いろいろな場所に使えます。

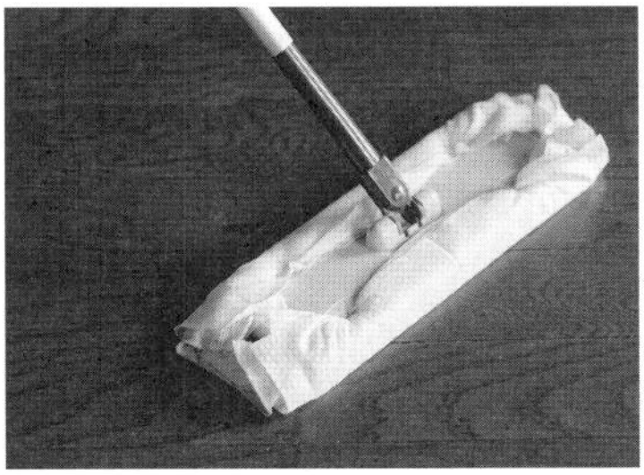

フロアワイパーをひと工夫

フロアワイパーにぞうきんを当てて、その外側にシートをかぶせるようにします。床にしっかりフィットするので、汚れをきっちり拭き取れます。

床掃除以外でも大活躍

シニアになるとかがんで掃除するのも大変ですが、柄の長さを調整できるフロアワイパーなら、床掃除だけでなく、テーブルの上や壁を拭くのにも大活躍します。もちろんその際は新しいシートを使いましょう。

壁＆天井の掃除のコツ

　壁や天井は掃除の盲点になりがちで、長年放置していた結果、家全体がくすんだようになってしまいます。お部屋の掃除をするついでに、壁や天井もさっときれいにしましょう。

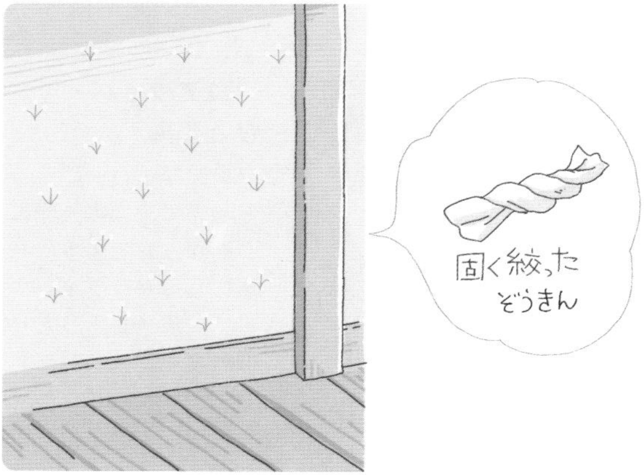

Case 1

壁紙の軽い汚れ

軽い汚れや手垢などは、中性洗剤で落とすことができます。中性洗剤を薄めた水でぞうきんを絞って、汚れが気になる箇所を拭いていきます。このとき、湿気の原因とならないようにぞうきんは固く絞ってください。

Case 2

タバコのヤニ

タバコのヤニは洗剤でも落とせますが、重曹を使うと簡単に落とすことができます。水に重曹を溶かしてぞうきんをひたし、絞って使います。タバコを吸う人は、汚れが目につく前に掃除をするようにしましょう。

Case 3

油汚れ

キッチンの壁などの油が飛び散りやすい場所は、重曹を使って汚れを落とします。スプレーできる場所であれば、重曹スプレーを使うと簡単です。しつこい汚れは重曹を溶かした水にキッチンペーパーをひたしたものを張り付けてしばらく放置してから拭き掃除を。

Case 4

天井のホコリ

天井には意外にホコリがたまっています。静電気でホコリが天井に付いているので、フロアワイパーを上向きに持って、床掃除をするときと反対の要領で掃除します。

Case 5

カビ取り

特に加湿器を使っている部屋は天井にカビが生えやすくなっています。安定感のある椅子に乗り、カビ取り洗剤をスプレーしてぞうきんで拭き取ります。掃除中、吸い込まないようにマスクをして。フロアワイパーの使い捨てシートには、カビ取り専用のものもあり、これなら高いところにも届きます。

手が届かない壁や天井の掃除こそ、フロアワイパーが大活躍。高いところを掃除するために椅子に乗るのは、シニアには危険です。

家具のお手入れ

テーブルや引き出しなど、日常的に使う家具は、お手入れを後回しにしがちです。ちょっとしたひと手間で、買ったばかりのような清潔感が戻ってきて、毎日の生活が快適になります。

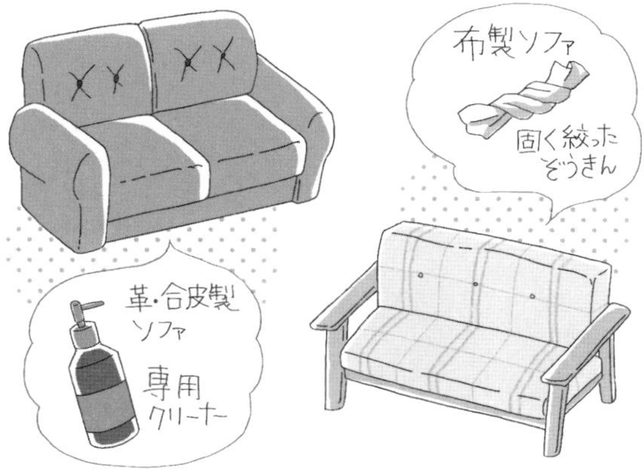

Case 1

布製ソファ

汚れは固く絞ったぞうきんで叩いて落とします。飲み物をこぼしてしまったときは、中性洗剤を含ませたぞうきんを当てて、叩くようにします。

Case 2

本革製・合成皮革製ソファ

本革用、合成皮革用の専用クリーナーがあるので、適したものを使います。本革、合成皮革ともに、水は使わないようにします。

Case 3

木製の箪笥《たんす》

水を入れたたらいにキャップ1杯の中性洗剤を入れて、ぞうきんをひたして絞り、拭きます。二度拭きは特に必要ありません。

Case 4

桐箪笥

桐の箪笥は、水拭きや洗剤の使用は厳禁です。月に1回程度でよいので、中を乾拭きしてホコリをはらいます。乾拭きをすることで、カビが付きにくくなります。

Case 5

テーブルの輪ジミ

お茶碗やマグカップの輪ジミには、①油（マヨネーズでも可）を塗り込んで拭く　②布きんを当ててスチームアイロンを当てる、という方法があります。テーブルの素材によっては、表面を傷めてしまうこともあるので、少しずつ試してみてください。

Case 6

消えない落書き汚れ

木製家具の落書き汚れが落ちない場合は、サンドペーパーで少しずつ表面を磨きます。やりすぎると白くなってしまうので、丁寧に行ってください。

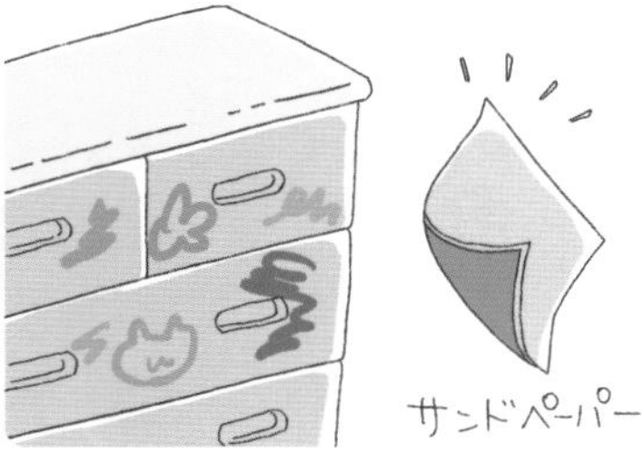

Case 7

椅子の脚

ホコリや髪の毛が付きやすいので、使い捨ての掃除シートなどで包み込むようにして汚れを拭き取りましょう。ソックスタイプの椅子の脚の保護材を使うと、掃除がラクになります。

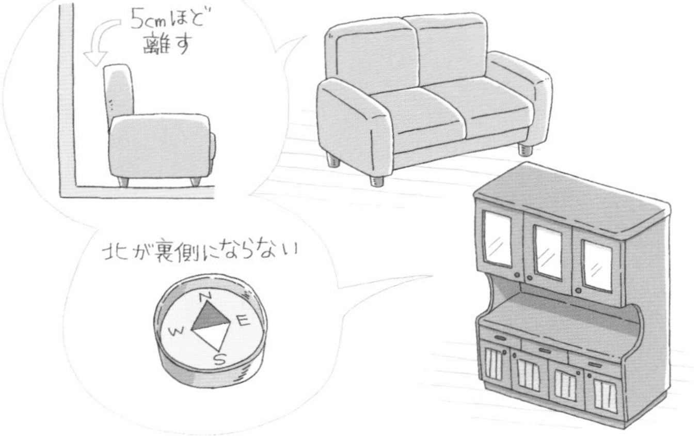

Case **8**

大型家具の裏側

家具の裏側は湿気がたまりやすく、カビがびっしり生えていることも。自分で動かせる範囲で、壁から5cmくらい離して設置する、裏側が北方向にならないように置くなどの工夫をしましょう。

Case **9**

インテリア小物

ホコリが付きやすいので、気になったらハタキをかけましょう。手垢や油汚れが気になるときは軽く濡らしたメラミンスポンジで磨き上げるとピカピカになります。

洗濯物を干すときは
シワをピンと伸ばしてから

洗濯は、週に2〜3回洗濯機を回します。ひとり暮らしなので、たくさん洗濯物がでるわけではありませんから、それくらいの回数で十分です。

洗濯機が置いてあるのは、お風呂場横の脱衣所です。私は、お風呂場の扉や桟にハンガーやピンチをぶら下げて、ここで洗濯物をかけてから、ベランダに持って行くようにしています。

ベランダに洗濯かごを持って行って干すと、夏は暑いし日焼けするし、冬は寒い思いをします。だから、洗濯機前でかけるようにしています。

もちろん、干すときは、洗濯物をたたんで、軽くポンポンと叩いてシワ伸ばしをしていますよ。バスタオルなどはピンと引っぱって伸ばしてから干しています。これは昔からの洗濯のコツですよね。

私自身が、洗濯や手入れがラクなものを選んでいるということもありますけど、最近の服は、シワが寄りにくくなりましたよね。太極拳をするときは、日焼け対策や、蚊に刺されないように夏でも麻の長袖のシャツを着ているんです。そのシャツも、洗濯してパタパタはたいてから干せば、ほとんどシワが目立たない。

そういえば、今日着ているニットも、家で洗濯できるものなんです。技術の進歩なんでしょうか。洗濯一つをとっても、昔よりいろいろラクになりました。

洗濯のコツ

毎日の洗濯を、ちょっと見直してみませんか？　ほんの少しの工夫で、効率がぐっとよくなるかもしれません。日常的にやらなければいけないことだからこそ、楽しく快適にやってみましょう。

Point 1　洗濯物を入れる順番

洗濯機に入れる衣類は、下から「かさばるもの→普通の衣類→ネットに入れた下着など」の順番に。重いものが下になることで、洗濯槽の回転がよくなり、汚れが落ちやすくなります。

Point 2　洗濯物の量

ひとり暮らしをしていると、毎日それほどたくさんの洗濯物はでないものです。洗濯機は使うほど寿命が短くなるので、毎日洗濯するより、2、3日分をまとめて洗うようにします。

Point 3　水の温度

水温が高めのほうがよく落ちます。水温を自分で調節できる場合は、汚れの強いものは、ぬるま湯程度の水温で洗うといいでしょう。ただし、繊細な生地の衣類は傷むのでお湯は使いません。

【「洗剤」の見直しポイント】

Case 1

洗剤の量

洗剤が多ければ汚れがよく落ちるというわけではありません。溶け残った洗剤はカスになり、カビの栄養分となります。洗剤の量は表示をきちっと守りましょう。

Case 2

洗剤の種類

液体洗剤と粉末洗剤、どちらにも特徴があります。液体洗剤はどんなものにも使えるものが多く、洗濯物を選ばない便利さがあります。粉末洗剤は少量でも強い洗浄力を発揮するので、経済的なメリットがあります。

Case 3

粉末洗剤の使い方

洗剤が溶け残ると、洗剤カスとして洗濯槽の中に残り、カビの原因になります。水温の低い冬場は洗剤が溶けにくいので、別の容器に入れて、ぬるま湯でさっと溶かしてから使うとよいでしょう。

Case 4

液体洗剤の使い方

洗濯機に入れる際は、衣類に直接触れることのないように注意します。生地が傷みやすいおしゃれ着やウールの衣類は、中性の液体洗剤を使いましょう。汚れの強いものを洗うときはアルカリ性の洗剤で。

【「干し方」の見直しポイント】

Case 1

シャツ・ブラウスの干し方

シワをつけないためには、脱水を終えてすぐに干すこと。ハンガーにかけるときは、シャツの上のほうを持って、強めにはたくようにします。これで大きなシワにはなりません

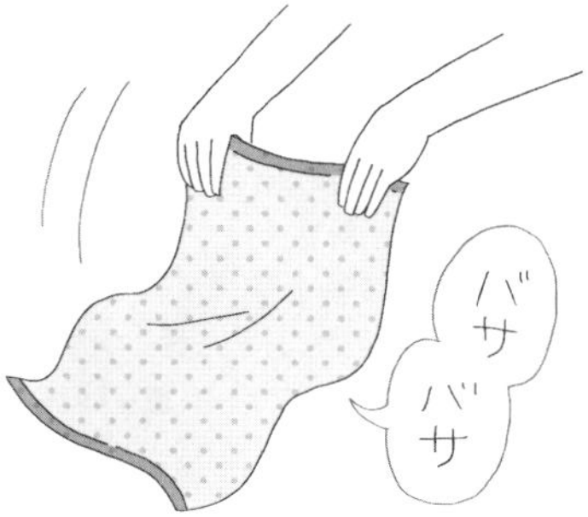

Case 2

タオルの干し方

洗い上がったタオルは、干す前にバサバサと、はたくようにします。何度もはたくことで、タオルが空気を含んで、干した後にふわふわになります。

Case 3

Tシャツの干し方

ハンガーにかけずに、二つ折りになるような形で直接物干し竿にかけて干します。ハンガーの出し入れで首元が伸びることなく、シワもよく伸びます。

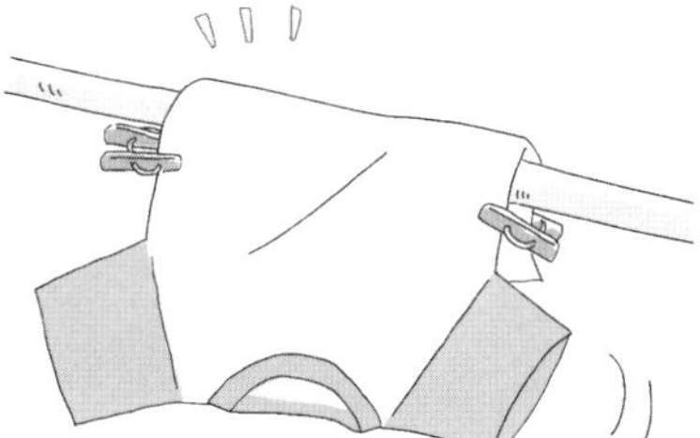

Case **4**

スカートやズボンの干し方

洗濯ばさみ付きのハンガーで、裾の部分を止めて、逆さ吊りの状態で干します。重さのあるほうが下になるので、シワが伸びます。ただし、洗濯ばさみの跡が目立つので、縫い目の部分を留めるとよいでしょう。

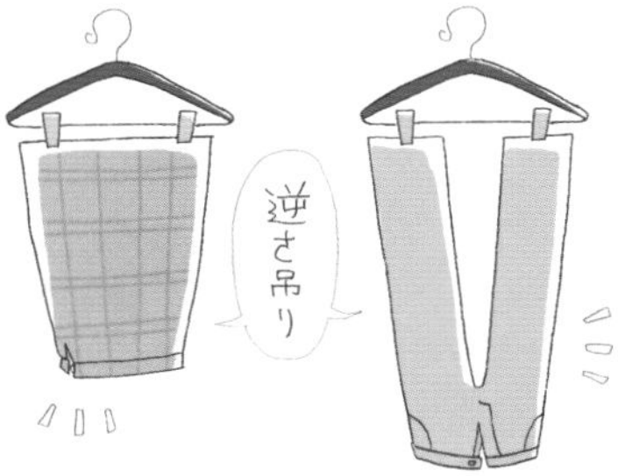

Case **5**

部屋干し

部屋干しで一番注意したいのは、生乾きのにおいを発生させないこと。洗濯物同士の間隔を空けて、風が通るようにしましょう。ポケットがある衣類は表側にポケットを出して干します。

ポケットを出す

間隔を空ける

Mini Column

洗濯槽の掃除

洗濯槽は高温多湿でカビが生えやすい環境です。使った後はふたを開けて風を通すようにしましょう。それでもカビは生えてしまうものなので、定期的に洗濯槽用洗剤でカビ除去を。月に一度が目安です。

「手洗い」の基本

洗濯物の量が少なくて洗濯機を回すほどでもないとき、洗濯機で落としきれない汚れがあるときは、手洗いをします。洗い方の種類を覚えて、効率的に汚れを落としましょう。

叩き洗い

汚れた部分だけを洗う場合に、濡らした指で叩きます。洗剤にひたしたスポンジで叩いても。

こすり洗い

生地と生地をこすり合わせるようにして洗います。シャツの襟の部分などに適しています。

ふり洗い

薄手の生地や繊細な素材の衣類は、水の中でふるようにして汚れを落とします。

もみ洗い

手で力強くもみ込んで汚れを落とします。靴下など、丈夫な素材の洗濯物に適しています。

押し洗い

型崩れさせたくないニット類は、たたんだ状態で水に入れて、押し沈めるようにして洗います。

つかみ洗い

手のひらで握って離してを繰り返す洗い方。汚れた部分をもみほぐす要領で行います。

衣類のシミ抜きのコツ

衣類や布製品にシミが付いても、適切な方法をとれば、自宅での洗濯で十分に汚れを落とすことができ、長く使うことができます。シミの原因によって、洗濯に使うものが変わってくるので、ポイントを覚えましょう。

【シミ抜きのポイント】

Point 1

汚れの成分（水性・油性）を見極める

水性の汚れは水か中性洗剤、油性の汚れはアルコール、除光液、食器用洗剤で落とすのが基本です。これを間違えると、かえって汚れが落ちなくなることもあるので気をつけましょう。

Point 2

衣類の場合はタグを見る

タグの洗濯表示をよく見て、シミ抜きの方法を判断します。衣類の素材によってはシミ抜きで生地が傷んでしまうので、心配な場合はクリーニング店に任せましょう。

Point 3

まずは目立たない隅のほうで洗剤を試す

洗剤やアルコールを使うのが不安な場合は、洋服であれば、裾の部分など、目立たない場所で試してみましょう。慌てず、生地が傷まないことを確認してからシミ抜きを。

【シミの種類別対処法】

Case 1

汗や皮脂

汚れが付いた部分に台所用中性洗剤を染み込ませてから洗濯機に入れます。汚れがひどい場合は、台所用中性洗剤を付けた歯ブラシで汚れをこすってからぬるま湯ですすぎ、その後で洗濯機に入れます。

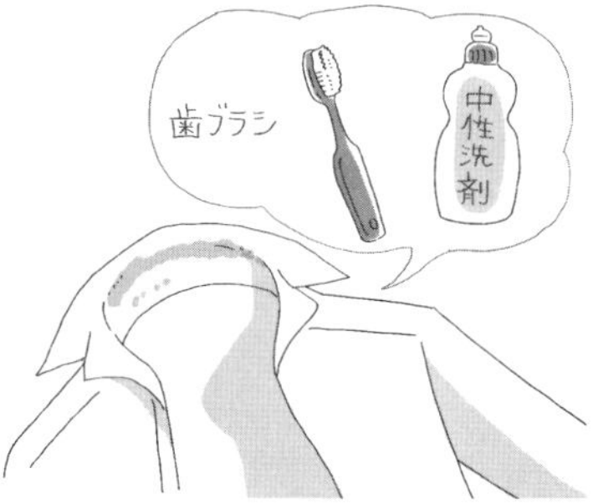

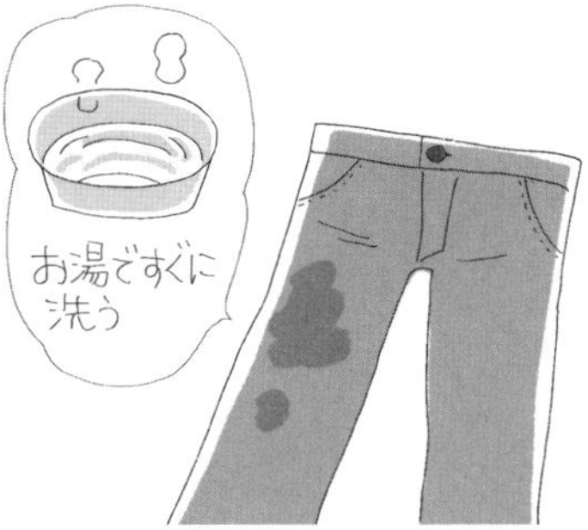

Case 2

コーヒーや醤油

コーヒーや醤油は、水溶性のシミです。まずは何も付けずに、お湯ですぐに洗います。直後であれば、おしぼりなどで軽く叩くだけでもある程度汚れが落ちます。それでも落ちない場合は裏に布を敷いて、食器用洗剤を叩き込むようにします。

Case 3

血液

直後であれば水洗いをします。お湯を使うと血液成分が凝固するので、必ず水で行いましょう。落ちない場合は、血液専用洗剤かセスキ炭酸ソーダを溶かした水で手洗いします。

Case 4

赤ワイン

テーブルクロスなど、白系で丈夫なコットンであれば、漂白剤が使えます。赤い色素は落ちにくいので、漂白剤の原液を使用します。歯ブラシや綿棒などでシミの部分だけに塗布し、しばらく置いてから洗濯します。

Case 5

カレーやケチャップ

食器用洗剤をぬるま湯に溶かして、手洗いします。食器用洗剤で落ちない場合は、丈夫な布であればシミの部分に漂白剤を付けてから洗濯します。

Case 6

口紅やファンデーション

綿棒に除光液などのアルコールを含ませて、汚れた部分をトントンと叩きます。口紅やファンデーションは油性の汚れなので水では落ちません。水につけることでかえって汚れが広がってしまうこともあるので注意しましょう。

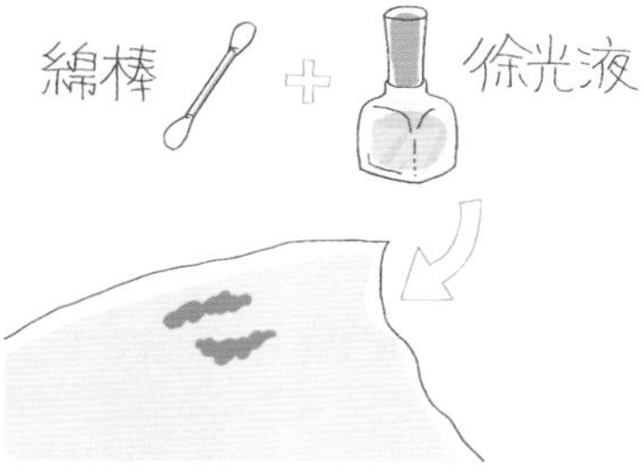

カーペットのシミ抜き

洗濯機で洗えないカーペットなどの場合、汚したらすぐに対応することが大切です。ここでは、水溶性と油性の一般的なシミの抜き方を紹介しますが、使用する洗剤は「シミの種類別対処法」(155ページ)も参考にしてください。カーペットの素材によってはお湯や洗剤、薬剤などを使用できない場合もありますので、注意しましょう。

Point 1 水溶性のシミの場合

30度程度のぬるま湯にきれいなタオルをひたし、固く絞ったら、シミに叩くようにします。シミに霧吹きをして汚れを少し浮かせてから、タオルで叩いてもいいでしょう。最後に中性洗剤を薄めたものにタオルをひたし、固く絞ってもう１回汚れを叩き取ります。

Point 2 油性のシミの場合

まずはスプーンなどを使い、汚れをこそげ落とすようにできるだけ取り除きます。ぬるま湯につけて絞ったタオルで、汚れ部分を叩きます。色が濃いカーペットの場合は、中性洗剤の原液をシミ部分に振りかけ、指で汚れとなじませてから、固く絞ったタオルで拭き取ります。カーペットの色が白系の場合、漂白剤と重曹を使用します。

ファッションアイテムのケア

洋服はもちろん、バッグや帽子、アクセサリーなどを長く使うためには、適切なお手入れを怠らないこと。少し気にかけて使うだけで、ものの寿命はぐんと延びるものです。素材によって注意点が異なるので、基本を押さえておきましょう。

Case 1

ニット製品

ニットを長持ちさせるためには、休ませる時間を持つこと。セーターは連日着るようなことはせず、多くても一日おきにしましょう。また、洗濯の回数は少なめに。汚れが目立たなければ頻繁に洗う必要はありません。

Case 2

スウェード製品

使う前にスウェード専用のスプレーをかけると、表面が保護されて、長持ちします。水に濡れるとシミが付くので、雨の日は使わないようにしましょう。汚れが付いたときは、消しゴムでこすれば簡単に落とすことができます。

Case 3

コットンのバッグ

コットンは丈夫な素材なので、汚れたらネットに入れて洗濯機で洗います。汚れを放置させないことが長持ちのコツ。縫い目がほつれてきたら、余計な糸をハサミで切って、上から手縫いで留めます。応急処置として、ほつれた部分に透明マニキュアを付けておくと、それ以上ほつれが広がりません。

Case 4

ビーズのアクセサリー

樹脂やガラス製のものは基本的に水に濡らしても大丈夫。台所用中性洗剤を溶かしたぬるま湯にひたして、手でやさしく泡立てながら洗います。すすいだ後はよく乾かしましょう。

Case 5

銀食器や銀のカトラリー

バナナの皮の内側で軽くこすると、ツヤが出ます。バナナに含まれるタンニンによる作用で、こすった後、ピカピカになります。バナナの成分が残らないように、仕上げに乾いた布で乾拭きを。

Case 6

ストールやマフラー

タグの洗濯表示を確認して、洗濯機洗いがOKであれば、そのまま洗濯機へ。おしゃれ着用洗剤を使うとよいでしょう。フリンジ（端に付いているふさふさした部分）がある場合は、中に折り込むようにしてネットに入れます。

Case 7

スニーカー

布製のものであれば、洗濯機で丸洗いも可能です。靴紐をしっかり結び、ネットに入れてから洗いましょう。汚れがひどいものは、洗濯機に入れる前にブラシでざっとこすり洗いをします。

Case 8

革靴

革靴用のクリーナーで汚れを落とした後、ツヤ出しクリームを塗り込みます。月一度のケアで靴がぐんと長持ちします。連続して履かないことも長持ちのコツです。

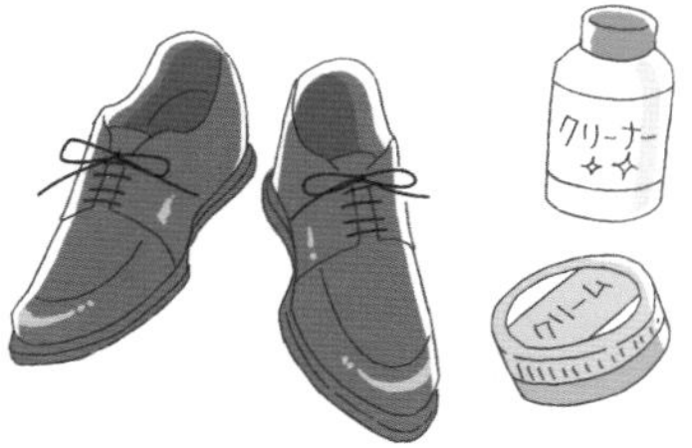

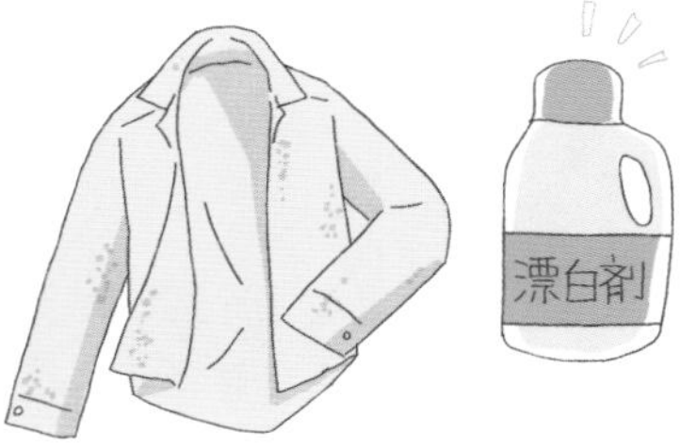

Case 9

衣類のカビ

繊維に入り込んでしまった黒カビはなかなか落とせません。漂白剤を使う手もありますが、落ちない場合もあります。カビを生えさせないように、生乾きのまましまわない、汗をかいたらすぐ洗濯するといった習慣を。

Case 10

帽子

使う前に防水スプレーをひと吹きすると、汚れが付きにくくなります。帽子の裏側は頭皮の皮脂や汚れが付きやすいので、丸洗いできるものであればこまめに洗濯を。干すときは、ペットボトルなどにかぶせるようにすると型崩れしません。

Case 11

防虫剤のにおい

衣替えをした直後、防虫剤のにおいが気になったら、放置せず、におい取りのための陰干しをしましょう。直射日光に当てると、布地に残った防虫剤成分が変色することもあるので、陰干しが原則です。湿度が低く、少し風がある日に干すのがベストです。

Case 12

ホコリのケア

衣類に付いたホコリは、ガムテープやコロコロクリーナーなどで取り除きます。クローゼットや箪笥に風を通すこともホコリ付着の予防になります。スーツなど、フォーマルな洋服は、衣類用のブラシを使いましょう。

ハンドメイドで
季節の暮らしを楽しむ

20代の頃、華道を習っていたことがありました。今でもお花は大好きで、ベランダには鉢植えが並びます。花瓶に花を飾ることもあります。そこにお花があるだけで、季節を感じることができるから。

洗濯と季節の模様替えを兼ねて、月に1〜2回、テーブルクロスを取り替えています。テーブルってけっこうな大きさがあるから、取り替えるだけで部屋の雰囲気がガラッと変わるんですよね。

ただしテーブルクロスは高いので、お気に入りの柄のカーテン生地のはぎれを買ってきて、タックやカーテンフックを引っかける部分をほどいて手作りしています。

手を動かすのが楽しいので、裁縫は好きですよ。

買い物用のショルダーバッグ（110ページの写真参照）は、着物の帯をスマホとお財布が入るサイズに切って縫い合わせ、ファスナーを付けました。ストラップ部分は帯留めを使っています。素敵でしょ？

上の写真：安く買えるカーテンの生地で、テーブルクロスやランナーを作ります。
下の写真：ランナーの上にお花を飾れば、素敵な雰囲気でしょ？

シンプルに暮らすためのコツ

長く同じ家に住んでいると、とにかくものが増えていきます。シンプルに暮らすには、どこかで思い切った断捨離をしましょう。ものが散乱した部屋では、つまずいてケガをしたり、ものが探しにくかったりするので、不要品はどんどん捨てて。また、使わないものを出しっぱなしにしないこと。もの忘れも増えてくるので、「爪切りはココ！」などと収納場所を決めましょう。

Point 1
使わないものはしまう

エアコンのリモコンや爪切りなど、使用頻度の少ないものは決められた場所にしまい、使うときに出すようにすると、部屋がスッキリします。

Point 2
スペースを作りましょう

何が入っているかわからない引き出しや収納BOXはありませんか？　箱を開けて初めてわかるようでは、それは必要がないもの。使っていないものは捨てることです。そうすると空きスペースができて、そのぶんお掃除もラクになります。

Point 3
ものを買うときの注意点

気がついたら家の中に同じものが何個もあったりしたことはありませんか？　好みだからといってつい買ってしまいがちですが、基本的には一つの用途に一つのものがあれば事足ります。買い物の際は気をつけてください。

できるだけシンプルなインテリアでまとめた寝室です。日差しがたっぷり入るので、気持ちのいいお気に入りの空間です。

Point 4 飾りたいものはコーナーにまとめる

インテリアとして飾りたいものは、玄関だったり、箪笥の上だったりとコーナーにまとめて飾ってメリハリをつけるようにしましょう。年を重ねるごとに、細かい掃除は大変になってきますから、掃除が必要な場所を最小限にすることでラクになります。また、「ものを使ったら元の場所に戻す」ことを徹底して、きれいを保つようにしましょう。

ラクしてできる衣替えのコツ

年を取ってくると、衣替えがすごく面倒になります。最近は、引き出しが奥と手前に2段入るようになっている、便利な収納箪笥なども販売されています。これは季節のタイミングで引き出しを前後に入れ替えるだけなので、衣替えがとても簡単です。キャスターが付いた収納ボックスを2つ用意して、一方に夏物、一方に冬物を入れ、使わないほうを押し入れにしまっておくのもおすすめです。衣替えの時期になったら、収納ボックスごと交換すればよいので、洋服をいちいち入れ替えなくてすみます。

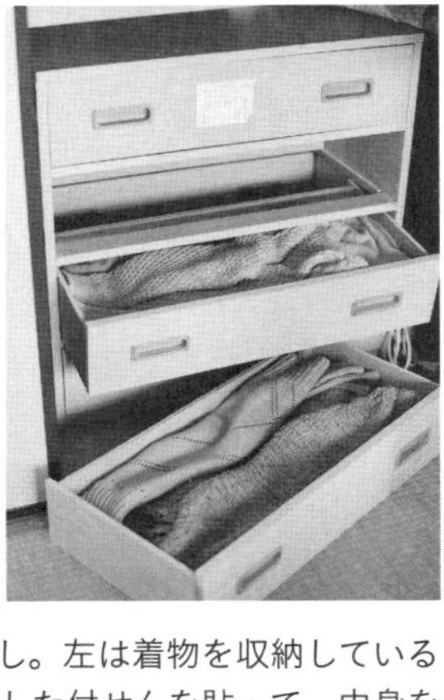

右が前後2段になっている引き出し。左は着物を収納している和箪笥。何が入っているかをメモした付せんを貼って、中身をいちいち取り出さなくてもわかるようにしています。

【衣替えをするときのコツ】

Point 1

着ていない服を処分

まずは、過去3年間着ていない服を捨てましょう。流行遅れだったり、サイズが合わなかったり、素材の劣化があるものは迷わず捨てること。そうすると収納スペースも増えます。

Point 2

服を季節ごとに分ける

どの季節に着る服なのかを分けておくこと。例えば真冬の厚手服、秋冬や春夏の薄手服、真夏に着る服、通年で着る服などに分けてみてください。

Point 3

服をしまうときに役立つのがラベリングか、ケースの色を変えること

季節ごとに分けた服を引き出しや収納ケースにしまう際に、ラベルを貼ったり、色を変えたりするとわかりやすいでしょう。通年で着る服は手前に出しておくと便利です。

Point 4

置き場所を決めてからケースの大きさや形状を決める

押し入れに重ねて置くのか、クローゼットの隙間に置くのか、高い場所か奥まった場所かによって、収納ケース選びが変わります。最初に、どこにしまうのかを決めてから寸法を測り、適した素材などを決めるようにしてください。

季節に合わせクロスを変える

日本には美しい四季がありますから、季節に合わせて部屋の模様替えをしたほうが、気持ちにも変化が生まれ、脳への刺激が認知症予防にもつながります。ただ、模様替えは体力がいりますし、面倒と思われる人も多いでしょう。そこで、テーブルクロスやクッションなどの小さな布物を、季節に合わせて変えるのがおすすめです。

Point 1 部屋の一部の色を変えてみる

部屋に使われている色が何かで印象は変わります。赤やオレンジを基調にすると暖かに、ブルーや寒色系にするとクールに、ピンクやパステルカラーだとほのぼのとした印象に。家具を変えなくても、カーテンやテーブルクロス、ラグマットなどの色を変えるだけで部屋の雰囲気は変わります。

Point 2　リラックスできる春をイメージ

春は、葉や草木が新しく芽を出す季節。また、新しく始まることもいろいろとあります。そこで、ストレスを和らげる効果があると言われるグリーン系がおすすめです。

Point 3　夏は涼やかさを感じる部屋に

夏の暑さを少しでも涼しげに見せるために、寒色系のブルーに変えて。色彩心理において、ブルーには体感温度を下げる効果があります。見た目にも爽やかです。

Point 4　秋の夜長を楽しむために

読書の秋、芸術の秋には秋の夜長を楽しめるように、神秘的な雰囲気を演出してくれる紫を取り入れて。紫は潜在能力に気づかせてくれる色と言われています。

Point 5　冬は暖かな温もりを感じる部屋に

冬になると赤やオレンジなどの暖かそうな色が恋しくなります。暖色系は体温を上げる効果が。日差しが差し込むと、温かさもパワーアップ。

手作りで暮らしにアクセント

シニアになると、ヒマをもてあますことが増えていきます。何もしないでいると、脳への刺激が少なくなり、認知症が進むと言われています。そこでおすすめなのが、ハンドメイドに挑戦すること。編み物や刺繍、裁縫、日曜大工、何でもいいのです。手先を使うので、それも脳へのよい刺激になります。

着なくなった洋服や和服などを利用して、手縫いでマスクやクッションを作るのもいいでしょう。テーブルクロスやテーブルランナーなどの大きなものを作るなら、カーテンの余った生地が安く売られているのでおすすめです。いろいろ手作りしておくと、季節に合わせて模様替えするときにも活躍します。

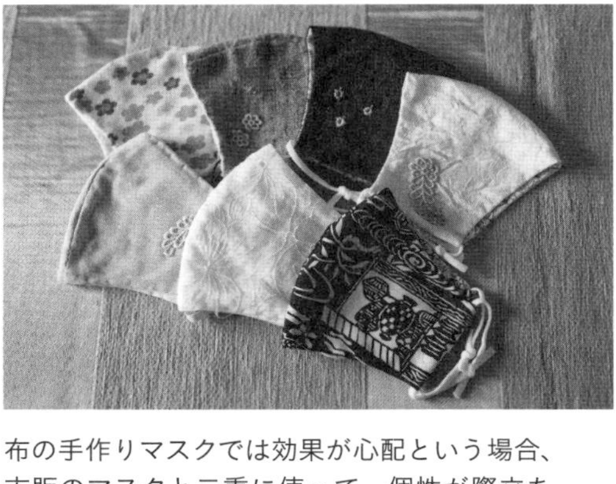

布の手作りマスクでは効果が心配という場合、
市販のマスクと二重に使って。個性が際立ち
マスク生活も少しは楽しくなります。

【シンプルなテーブルランナーの作り方】

必要な物・材料

・生地の長さ：テーブルの長さ＋40cm（垂れの部分）＋4cm（縫いしろ）
・生地の幅：40cm＋4cm（縫いしろ）
・裾上げテープ：適量

1

生地を切ったら、ぐるっと一周アイロンで折り目をつけます。手縫いやミシンのときにも折り目があるほうが縫いやすいでしょう。

2

裾上げテープを、上下の長いほうからアイロンで貼っていきます。テープを使用しない場合、手縫いやミシンで上下を縫います。

3

角の部分は三角に折り曲げ、アイロンで折り目をつけたら、左右の短いほうにも裾上げテープを貼ります（または縫います）。

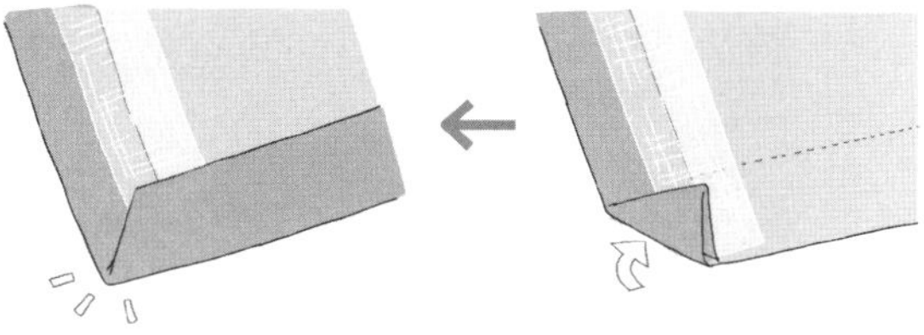

花のある暮らし

花がある生活は、心を豊かにしてくれます。華道を習ったことのない人も、我流でいいので花を飾る生活をしてみてはいかがでしょうか。1輪の花を一輪挿しに挿すだけでもいいのです。茎を取り去った花を水に浮かべるのも素敵です。ドライフラワーになりやすい花を、水を入れずに花瓶に入れっぱなしにして楽しむのもいいでしょう。

土に触れる鉢植えは育てる楽しみが広がります。ガーデニング初心者の方は、花屋さんに育てやすい花を聞いてから始めるといいでしょう。

花瓶に水を入れずにそのまま挿してドライフラワーにして楽しむことも。そのまま飾っておくだけ、お手入れ不要です。

Point 1　花に詳しくなくても、スマホで画像検索をすれば、名前がすぐにわかります。育て方などの情報も検索できるので便利です。

Point 2　切り花を長持ちさせるには、①10円玉を花瓶に入れ、銅イオンの殺菌効果で水の傷みを遅らせる、②水に少量の砂糖を入れると花の栄養となり長持ちする、③茎から空気が入らないように水の中で茎を切る、といった方法があります。

Point 3　茎が細くて花が大きな蘭やバラなどを花瓶に生けると、揺れた状態のままに。お花を安定させるには、大根に刺してから花瓶に入れれば、茎がふらつかなくなります。

Point 4　米のとぎ汁は植物の肥料に使えます。根元に注げば、環境にやさしい天然肥料になります。

Point 5　植物を植え替えた後は、鉢植えに元気がないときがあります。そんなとき、日本酒を霧吹きに入れてびしょびしょになるまで吹きかけてみましょう。元気が復活します。

カビ対策のポイント

梅雨の時期だけでなく、冬は結露などでもカビが生えてきたりします。お風呂場やキッチンなどの水回り、寝具のマットレスの下など、びっくりすることがあります。カビが発生してからですとお掃除が大変なので、普段からカビが生えないよう定期的に対策しておくことが大切です。

Point 1 こまめにお掃除を

カビはホコリや食べ物のカスなどを栄養源にして繁殖するため、こまめに掃除をすることがカビ予防になります。こびり付いた汚れなどは、拭き掃除でしっかり落とすこと。

Point 2 こまめに換気を

室内の温度や湿度が高くなると、カビが繁殖しやすくなります。毎日窓を開けるなどして、こまめに換気をするとカビの発生予防になります。風通しが大事です。

Point 3 湿度を下げる

室内の湿度が60％以下になると、ほとんどのカビは活動できなくなります。除湿器やエアコンの除湿機能を使って部屋全体の除湿を心がけましょう。また、収納スペースや玄関などには除湿剤を置いたり、すのこを敷いたりするのもおすすめです。

第6章

楽しい食事こそ元気の源

料理の知恵

好きなものを作って、お酒といっしょに楽しむ

料理はできるだけ自分で作るようにしています。ラクなほうがいいけれど、やっぱり買ったものより自分で作ったもののほうがおいしく感じるからでしょうか。今ある材料をどうやっておいしく料理するかを考えるのも、立派な認知症予防ですよね。といっても、手のかかるものは作りません。手間に見合わないものは、スーパーなどで迷わず買っていますよ。

好きなのは、皮をパリパリになるくらいまで焼いた鶏むね肉のソテー。塩こしょうをしてオリーブオイルで焼き上げます。味付けはそれだけ。なるべく季節ごとの旬を意識して、大好きなお酒といっしょに、いろんな色の食材を食べるようにしていますね。

骨粗しょう症予防のために、毎日小魚を食べるようにしてい

ます。わかさぎの佃煮をスーパーで買ってきたり、出汁《だし》をとった煮干しをそのまま食べたり……。毎日楽しく歩くためにも、健康によいちょっとした食習慣を取り入れています。

ぬか漬けと煎りぬかは元気の源

何十年も使い続けた「ぬか床」で作った漬物はまさに家庭の味と言えるもの。最近は市販の「ぬか床」も種類が豊富で、新たに始める人も増えているようです。「ぬか」は健康にとてもよいものですから、「煎りぬか」を作って保存しておいて、さまざまな料理(92ページ参照)に利用したいものです。

【 米ぬかのメリット 】

Point 1
ぬか漬けは発酵食品の一つ
ぬか漬けには植物性乳酸菌が含まれているので、腸の働きを活発にしてくれます。

Point 2
ぬか漬けには栄養が豊富
キュウリなどの野菜をぬか漬けにするとビタミンB_1が約8.7倍、カリウムは約3倍にも増えます。

Point 3
煎りぬかでアレンジ料理を
ほんのりと甘い煎りぬかは、ヨーグルトやカレーにかけたり、ふりかけにもできるので便利です。

米ぬかは穀物を精製したときに出る果皮、種皮、胚芽などの部分で、お米の栄養素の95%もあります。

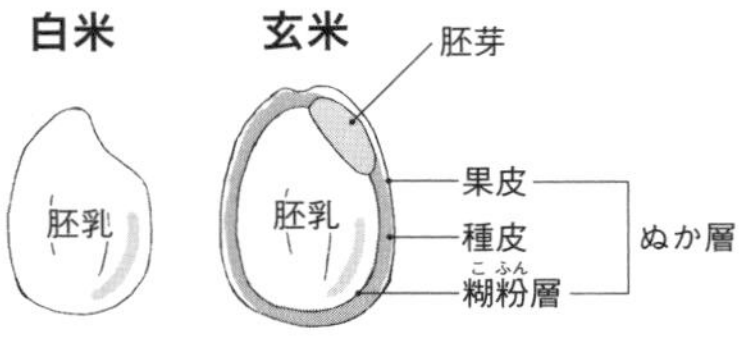

ぬか床は、もう20年ものになりますが、毎日手を入れてかき回しています。晩酌のつまみに毎日食べているんですよ。

【煎りぬかの簡単な作り方】

1

お米屋さんで米ぬかを買ってきます。スーパーにも売っていますが、お米屋さんで買ったほうが新鮮です。

2

フライパンに米ぬかを入れます。乾煎りするので油は使いません。最初は100グラムぐらいからやってみてください。

3

弱火にして、木のへらで焦げないように8～10分程度かき混ぜます。ダマができたら、潰しながら混ぜてください。

4

米ぬかがキツネ色になったら完成です。フライパンからお皿に移して粗熱を取ります。瓶などの密閉容器に入れれば冷蔵庫で2～3カ月、保存できます。

お米をおいしく炊くコツ

お米をおいしく食べるには、新鮮なお米であることが重要です。安いからといって大量に買わないこと。少量ずつ買うようにしたいものです。お米を洗うのが面倒という人には、分量の水を入れるだけの無洗米がおすすめ。

ただし、お米をポリ袋に入れたままにしておくと、味が落ちてしまうことがあります。すぐに米びつや密閉容器に移して。長く保存するときは、赤唐辛子を２～３本入れておくと虫の予防になります。

Point 1 お米を少なく買うこと

５キロで買うと確かに安いのですが持ち帰るもの大変ですし、長期保存すると味も落ちてしまいます。２キロ以下がおすすめです。

Point 2 きちんと計量すること

米専用のカップに１合（180㎖）のお米を、きっちりすり切りにして入れることがポイントです。

Point 3 お米は手早く洗うのがコツ

1回目は多めの水で軽くすすぎ、2回目以降はひたる程度の水でやさしくかき混ぜて洗い、3回ほど洗って水が多少透き通ってきたらOKです。水加減は、炊飯器の内釜の水位線に合わせます。お好みで硬め、柔らかめにするときは、水加減を調整。もちろん無洗米なら洗う必要はありません。

古くなったお米をおいしく炊くコツ

古くなったお米は水分が少ないので、炊くときは少し多めに水を入れます。水につける時間は季節によって違いますが、普通米でも無洗米でも30分〜1時間ぐらいが目安。お米が炊き上がって、もし芯が残っていたら、小さじ１のお酒をふりかけて弱火で蒸すとふっくらします。ほかにも、ひと手間加えるだけでお米がおいしく炊けるコツをご紹介しましょう。

よりおいしいご飯が炊ける裏技

お米にひと足しする調味料	加える割合
日本酒・本みりん	米1合に対して大さじ1
	甘みが増してふっくらツヤツヤに
エキストラバージン オリーブオイルや サラダ油	米1合に対して大さじ1/2
	少しパサつくお米が しっとりツヤツヤに
大根おろしの汁	米1合に対して大さじ2
	大根おろしに含まれるアミラーゼなどにより、でんぷんが分解されてうま味が増します
はちみつ	米3合に対して小さじ1
	それほどの甘みは感じずにツヤが出ます
だし昆布	米2合に対してだし昆布10cm（1枚）
	だし昆布を入れるとうま味が増します

野菜と果物の扱い方

体にとってお野菜は大切な栄養素。今まで知らなかったちょっとしたコツで、野菜をおいしくいただくことができますし、調理するのに手間が省けることがあります。

Point 1 玉ネギで泣かないためには

涙が出るのは、玉ネギに含まれる硫化アリルのせい。涙を出さないためには、玉ネギを水につけてから手早く切るとよいでしょう。皮をむいた玉ネギをラップで包み、15分ほど冷蔵庫で冷やしてから切るのもおすすめです。

Point 2 ほうれん草のあく抜き

ゆでるときは、硬い茎のほうからお湯に入れます。お湯に小さじ1の砂糖を加えると、えぐみ成分のシュウ酸を取り除くことができます。

Point 3 ゴボウやレンコンのあく抜き

あく抜きにはお酢が便利。1カップ（200mℓ）に対して小さじ1の酢を入れて、5～15分程度さらします。うどのあく抜きや里芋のぬめり取りにも重宝します。

Point 4 ブロッコリーは塩水につける

つぼみが硬いブロッコリーを中まできれいに洗うには、1カップに小さじ1の割合で塩水を作り、そこにつけ置きしてからゆでます。中にいた虫や汚れも取れますし、ゆで上がりも鮮やかな緑色になります。

Point 5　カリフラワーには小麦粉を

塩ゆでが一般的ですが、ゆでるときに小麦粉を加えてみてください。あくが取れますし、カリフラワー表面の組織を保護してくれるのでぼろぼろ崩れることもなく、口当たりもよくなります。

Point 6　傷んだイチゴはレモン水で

ちょっと傷んだイチゴは、レモンをたっぷり絞ったボウルの中で洗います。イチゴのヘタは洗ってから取ること。洗う前にヘタを取るとイチゴが水っぽくなるので注意。

Point 7　ゆずは塩もみする

冬が近づくとゆずが活躍します。ただ水で洗うだけでなく、皮全体に塩をふりかけて軽くもむことで香りがいちだんと引き立ちます。

Point 8　野菜を小分けにして冷凍保存！

ひとり暮らしの場合、余った食材は冷凍保存するといいでしょう。特に野菜は1回使うぶんだけ小分けにして冷凍しておくと便利。ほうれん草や長ネギ、油揚げなどは、味噌汁の具に利用したり、さまざまな料理に活用できます。

●きのこ…石づきを取って冷凍
●ほうれん草…ゆでて冷凍
●カボチャ・キャベツなど…切って生で冷凍
●長ネギ…輪切りにして冷凍
●油揚げ…切って冷凍

そのほか、キャベツやもやし、にんじんなど、余った野菜を一口大に切って、「自家製カット野菜」にするのもおすすめ。

魚介料理をおいしく仕上げるコツ

どうしても魚介料理は面倒と思ってしまう人が多いかもしれません。でも、ちょっとしたコツを覚えてしまえば簡単に調理することができますので、試してみてください。

Point 1

魚のうろこ取りは大根で

魚のうろこは大根の切れ端できれいに落とすことができます。大根の切れ端をうろこに当ててこすってみてください。魚の身を傷めずに、きれいにうろこが落ちます。

Point 2

イカの薄皮のむき方

手でむくのはツルッとして大変です。乾いた清潔な布きんで、イカをつかむようにしてむくと意外と簡単にむけます。布きんの代わりにキッチンペーパーを使ってもOKです。

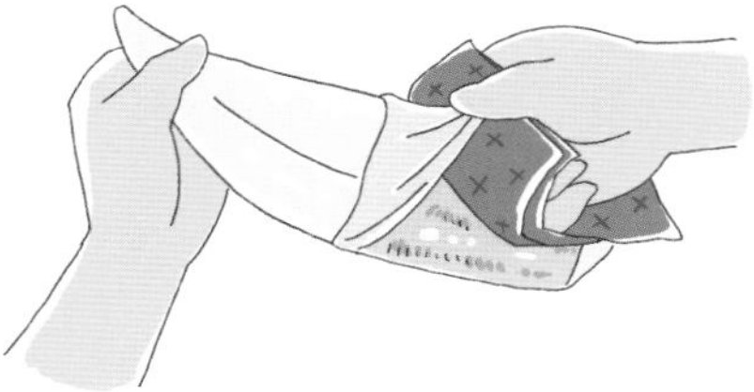

Point 3

イカ・タコを柔らかく煮るコツ

イカは包丁で短めに切れ目を入れて、2～3分煮てください。これ以上煮ると身が硬くなります。タコはとろ火でコトコト煮ます。味付けは身が柔らかくなってからにしましょう。また、大根おろしや飲み残しのビールを入れて煮ても、柔らかく仕上がります。

Point 4

貝の砂出しの仕方

塩水にひたすという人が多いかもしれませんが、このときに金物などの鉄分を含んだもの、例えばクギ1本を入れるだけで、よく砂を吐き出してくれます。

Mini Column

知っておくと便利

白身でおいしいヒラメとカレイの違いはご存じですか？頭の左側に目が寄っているのがヒラメで、右側に寄っているのがカレイと言われています。間違ったとしても、どちらもおいしいですけどね。

肉料理をおいしく仕上げるコツ

スーパーなどに行くと、毎日のように何かしら特売のお肉があります。安いからそれなりのお味だろうと諦めないこと。安いお肉でも、柔らかくいただくコツがあります。

Point 1 牛肉を柔らかく、上品なお味に

安い牛肉でも、紅茶で煮るととても柔らかくなります。紅茶に含まれているタンニンという成分が肉を柔らかくしてくれるからです。お肉の両面を色がつくくらい焼いたら、鍋にお肉を入れて隠れるくらいまで紅茶を注ぎます。ふたをして沸騰したら弱火でコトコト煮込んでください。柔らかくて上品な味になります。

Point 2 果物で豚肉を柔らかくするコツ

パイナップルやパパイヤ、キウイなどの酵素を含む果物には、肉を柔らかくする働きがあります。でも、これらの果物はあまり食べないという人にはリンゴがおすすめ。すりおろして豚肉とあえると柔らかくなります。スライスして肉といっしょに焼くと、料理の味を引き立ててくれます。

06　楽しい食事こそ元気の源「料理の知恵」実用編

豆腐や乾物を扱うコツ

出汁作りに活躍するだし昆布や干ししいたけ。最近は便利な「だしの素」などを利用する人も多いと思いますが、やはり丁寧にとった出汁にはかないません。乾物は長期保存が可能ですから、ぜひ、活用してください。

Point 1　干ししいたけのもどし方

本来はお水にひたしてゆっくりもどすのが基本ですが、急いでいるときにはぬるま湯にひたして。砂糖をひとつまみ加えると、しいたけのうま味をとじこめ、ふっくらともどすことができます。

Point 2　かんぴょうのもどし方

早くもどしたいときには、水でさっと洗ったら塩をまぶして弾力が出てくるまでもみほぐします。その後、水洗いをしてからぬるま湯にひたしておくと、柔らかくもどせます。

Point 3　だし昆布でお豆腐をおいしく

豆腐は温めすぎると「す」が入ってしまいます。鍋の底にだし昆布を敷いておくと、直接お豆腐に熱が当たりにくくなるので、「す」の予防に。

Point 4　湯豆腐の煮崩れ防止に片栗粉

豆腐は温めるほど煮崩れしますが、ひとつまみの片栗粉を鍋に入れれば解決します。かすかなとろみがついて口当たりもよくなります。

おわりに

私は、今の生活をとても大切に思っています。そして、毎日すごく幸せです。「ひとり暮らしでさびしくないですか？」とたずねられることもありますが、孤独だと感じたことはありません。朝は太極拳の仲間が待っているし、Ｔｗｉｔｔｅｒでつぶやけば、すぐに反応が返ってきます。決してひとりではなく、誰かとつながっているのです。「どうすれば高齢になっても幸せでいられますか？」と質問されることがあります。そんなときは、「まず、外に出てみましょうよ」と答えます。

散歩でもいい、買い物でもいい。人とのつながりを大事にしてほしいのです。家の中にこもっていても、交流は生まれませんから。とにかく外に出てみれば、気分もずいぶん変わります。近所の方や店員さんと挨拶を交わせば、それだけでもほっとし

た気持ちになるものです。歩いているうちに、季節の花など、美しいものを見つけることがあるかもしれません。きれいなものは、私たちを幸せな気分にしてくれます。

私は家に頼る人もいないので、老いに対して不安を抱くこともあります。でも、老いていくのはみんな同じ。だから「ボケに負けないぞ」と、老いをはね返すような気持ちでいるようにしています。ここまで紹介してきた暮らしの工夫も、そんな気持ちの表れでもあるかもしれません。

この本を手に取った方は、どんな思いでここまで読んでくださったでしょうか。もし今悩んでいたり、不安に思うことがあったりするなら「10年後、20年後に自分はどうありたいか、どう生きたいか」を考えてみてください。友だちに囲まれる日々を過ごしたいのか、好きなことや趣味に没頭したいのか、自分の方向性を決めておくと、毎日にハリが出てくると思うからです。興味を持ったら、ためらわずにどんどんチャレンジしてみてください。そもそも私がパソコンを始めたのは78歳のときです。それが、今ではＴｗｉｔｔｅｒのフォロワーが20万人にもなっているのですから。

何かを始めるのに遅すぎるということはありません。これからも楽しいことに挑戦しながら、喜《き》愛《あい》で心豊かな日々を過ごしていきたい。そして、顔を見ただけでほっこりしてもらえるような私でいられたら……。おつきあいくださいね！

２０２３年1月　大崎博子

大崎博子（おおさき・ひろこ）

1932（昭和7）年、茨城県生まれ。2022年11月に90歳を迎えた。機械オンチだったが、78歳のときに娘の勧めでパソコンに出合い、やがてスマホを使いこなすように。2011年3月からTwitterを始めると、戦争体験者ならではの思いや等身大の日々のツイートが共感を呼び、若者から同年代の人々まで幅広い支持を集める。2022年12月現在、Twitterのフォロワー数は20万1000人超。

Twitter：@hiroloosaki

Staff

撮影	林ひろし
本文デザイン	喜安理絵
装丁	石井恵理子（ニイモモクリエイト）
編集協力	石川夏子（グレイル）／香川みゆき（フィジオ） 秋月美和、村串沙夜子、山岸由美子
イラスト	サカイユカリ
編集	田中早紀（宝島社）

90歳、ひとり暮らしの知恵袋
お金をかけない素敵な毎日の過ごし方

2023年2月1日　第1刷発行

著　者　大崎博子
発行人　蓮見清一
発行所　株式会社宝島社
〒102-8388　東京都千代田区一番町25番地
電話　営業　03-3234-4621
編集　03-3239-0926
https://tkj.jp

印刷・製本　サンケイ総合印刷株式会社

ISBN 978-4-299-03864-7